Inhalt

Prolog

SEOM PATRICK
KAMMERER

7 Fragen, eine Reise um die Welt und das Geheimnis des Glücks

Für Johanna,
meine liebende Königin!

Warum eigentlich nicht jetzt?

Mit dem Blick auf die glänzende Scheibe in seiner Hand senkte Raphael den Kopf. Zum Glück hatte er seinen kleinen Dopaminknopf stets in der Hosentasche. So fühlte er sich verbunden. Aber warum war er dann so einsam? Jedes Mal, wenn er sein Smartphone zückte, reagierte etwas in ihm. Er setzte seine grün-weiße Baseballkappe der Boston Celtics ab und dachte nach.

Sein Handy schenkte ihm Schmerzstopp auf Knopfdruck über den Like-Button, wie eine Medikamentenpumpe. 128 Personen gefiel sein Beitrag. Er hatte 1278 Follower. Wieso fühlte er sich dann so isoliert? Konnte das alles gewesen sein? In so jungen Jahren? Wo war seine kindliche Freude geblieben? Wo der Zauber des Lebens? Er griff nach dem Tabak und dem Gras. Erst mal einen Joint drehen, ging es ihm durch den Kopf.

Er hatte mit 16 Jahren angefangen zu kiffen. Es hatte ganz zögerlich begonnen, mit ein paar Zügen unter Freunden am Wochenende. Doch dann war aus Spaß sehr schnell Sucht geworden. Heute, sechs Jahre später, hatte er das Gefühl, zu alt für seine falschen Entscheidungen zu sein – und zu jung für die geforderte Verantwortung. Seine Gerichtsverhandlung und die Hausdurchsuchungen hatten die Lage nicht gerade verbessert. Er liebte Graffiti. Seine Kunstlehrer hatten zwar stets behauptet, dass seine Schriftzüge keine wirkliche Kunst seien, doch in den praktischen Prüfungen hatte er dennoch mit der Note 1 abgeschlossen. Zeichnen konnte er schon immer gut. Buchstaben waren seine Freunde. Er konnte sie zum Fliegen bringen. Diese Welt war bunt. Durch die kunstvoll gestalteten Buchstaben konnte er sich ausdrücken. Dabei merkte er schon immer schnell, dass er etwas Besonderes war. Er hatte seinen Namen erst an den Scheiben von Bushaltestellen hinterlassen, dann an Postkästen und schließlich an Wänden. So hatte er der Welt zeigen können, dass er da war, dass es ihn gab. Als er seine Königsklasse, die fahrenden Ateliers in Form von Eisenbahnwagen, fand, bemerkte er kaum, wie weit er schon gegangen war. Diese fahrenden Leinwände aus Stahl mit seinem Namen auf ihnen waren das Größte für ihn. Er hatte nicht verstehen können, weshalb seine Schwester Flora ihn immer gewarnt hatte.

Heute verstand er es besser. Sicher, es war nur eine Frage der Zeit gewesen, bis die zivilen Einheiten der Sonderkommission ihn eines Tages festgenommen hatten. Glücklicherweise hatte man ihm nie wirklich etwas nachweisen können. »Mangelnde Beweislast« – seine beiden Lieblingswörter. Letztendlich hatte er einfach sehr großes Glück gehabt. Auf gewisse Art und Weise war er ein Glückskind. Nur fühlte er sich immer schon ein wenig ausgeschlossen. Seine Lehrer hatten ihn einen Träumer genannt, und die meisten jungen Männer in seinem Alter interessierten sich vor allem für Fußball. Seine große Liebe zur Kunst konnten viele Gleichaltrige scheinbar nicht fühlen. Das Gefühl, allein und vom Leben ausgegrenzt zu sein, kannte er schon sehr lange. Er hatte stets den Eindruck, dass er auf etwas warten würde.

Ständig hatte er als Kind gehört, dass er vieles verstehen würde, wenn er erst erwachsen sei. Und nun? Seine Baseballkappe und sein Skateboard lagen neben ihm. Eigentlich wie damals, als er mit zwölf Jahren schon hier gewesen war. Als er zu dieser Zeit die eingewachsene Brücke entdeckt hatte, war sie rasch zu seinem Geheimversteck geworden. Schweigend saß er am Flussufer unter der Fahrbahn und stellte fest, dass er sich noch immer wie ein Kind fühlte. Zumindest genauso orientierungslos.

Diese Brücke schenkte ihm immer schon das Gefühl von Geborgenheit. Die meisten Bilder an den breiten dunkelgrauen Betonpfeilern hatte er selbst gesprüht, und jedes Mal, wenn ihm das Leben zu kompliziert erschien, kehrte er an diesen Platz zurück. Nun war er wieder einmal an seinem bunten Zufluchtsort. Schon vor zehn Jahren war diese Brücke sein kleines, geheimes Atelier gewesen und zugleich eine Art Kraftort. Seine Heimat, eine auf ihn viel zu spießig wirkende Kleinstadt in Süddeutschland, hatte ihm noch nie viele Möglichkeiten geboten. Doch unter dieser Brücke war er stets für sich gewesen und hatte machen können, was er wollte. Hierher hatten sich selten Erwachsene verirrt. Nun war er theoretisch selbst erwachsen. Wie seltsam.

Wenn das Erwachsensein bedeutete, hatte er sich ziemlich getäuscht. Er hatte früher immer geglaubt, dass es leichter und klarer würde, wenn man erwachsen ist. Doch das Gegenteil schien der Fall zu sein. Noch nie zuvor hatte er so viele Fragen auf dem Herzen gehabt. Er hatte gedacht, Weisheit und Gelassenheit würden mit dem Alter zunehmen. Das Einzige, was zu wachsen schien, war der Druck, dachte er jetzt. Der Druck, seinen Platz finden zu müssen. Die Verantwortung, den richtigen Weg zu wählen, und die Herausforderung, bloß keine Fehler zu machen.

Während er den Tabak und das Gras geübt in der Handfläche vermischte und den Joint sorgfältig drehte, fiel ihm auf, wie routiniert er diesen Vorgang beherrschte. Feuerzeug raus, anzünden, einatmen, kurzer Stopp, ausatmen – Siesta.

Entspannung.

Wirklich? Nein, nicht wirklich. Doch der Moment einer illusorischen Pause. Wenn diese Routine sich auf andere Ebenen übertragen ließe, wäre vieles leichter. Wie oft hatte er sich vorgenommen zu meditieren. Seine Schwester Flora erzählte ihm doch so oft davon. Nach ihrer Ausbildung zur Yogalehrerin sprach sie von nichts anderem. Sie schien es geschafft zu haben. Sie war ruhig und klar, bestimmt und harmonisch. Vor einigen Jahren war sie nach Frankfurt gezogen und reiste seitdem um die halbe Welt, um Yoga- und Meditationsseminare zu besuchen. Raphael und Flora sahen sich seit dieser Zeit nur sehr selten. Immer wieder nahm er sich zwar vor, seine Schwester zu besuchen, doch die Bequemlichkeit war stärker. Er zog nachdenklich an seinem Joint und dachte über ihre früheren Gespräche nach. Ab und zu schenkte Flora ihm besondere Gegenstände. Geschenke, die ihm helfen sollten. Ein Meditationskissen, Bücher über Spiritualität, die goldene Klangschale und Palo Santo, das seltsame Holz, mit dem er räuchern sollte. Seine Antwort darauf war immer dieselbe: Für das Räuchern brauche er kein Holz, er habe sein Gras. Ihre Geschenke befanden sich trotzdem in seiner kleinen Einzimmerwohnung. Angelehnt an seinen Plattenspieler auf dem schwarzen Tisch stand die zusammengerollte Yogamatte, und neben dem Graffiti-Blackbook, in dem er Skizzen und Ideen notierte, lag das Dankbarkeitstagebuch von Flora. Schöne Accessoires und zugleich mahnende Erinnerungshilfen. Sie zeigten ihm wenigstens die Option eines anderen Weges auf. Vielleicht hatte er sie deshalb noch nicht weggeworfen. Schon früher hatte Flora ihm immer wieder kleine Andenken geschenkt. Er hatte ihr im Gegenzug zierliche Elefantenfiguren gegeben. Die großen Säugetiere hatte er schon als Kind geliebt.

Das erste Buch, das er von Flora bekommen hatte, war ein Reisenotizbuch. Er sollte darin die Abenteuer, die er auf seinen Reisen erleben würde, festhalten. Als Jugendlicher hatte er so gern um die Welt ziehen wollen. Sogar einen großen Trekkingrucksack hatte er damals von seiner Freundin Theresa geschenkt bekommen. Mittlerweile lebte sie weit entfernt und schien ihren Traum in einem Wildreservat in Afrika zu verwirklichen. Sicherlich sah sie dort sogar Elefanten.

Sie waren schon lange getrennt. Theresa hatte sich auf den Weg nach Simbabwe gemacht – und er? Er entspannte sich lieber oder chillte, wie er es ausdrückte. Wie viel hatte er nur gechillt? Zum ziellosen Zeitvertreib kamen auch noch das Gras, die Bequemlichkeit und später die immer größer werdenden Sorgen dazu. Der Rucksack verstaubte derweil im Keller und das Buch … wo war eigentlich das Reisenotizbuch von Flora? Er hatte es schon viele Jahre nicht mehr gesehen. Wahrscheinlich war es bei seinem Umzug verloren gegangen. Wenigstens das Dankbarkeitstagebuch hatte er noch. Es war zwar nahezu leer, doch immerhin war es noch in seinem Besitz.

Raphael hatte den Joint fast fertig geraucht und musste lächeln. Wie oft hatte er schon in Floras Dankbarkeitstagebuch schreiben wollen? Sie sagte ihm immer wieder, dass positive Routinen alles verändern. Wieso war der Anfang nur so schwer? Zumindest konnte er die erste Seite des Buches füllen. Vor einem Monat hatte er sich drei Fragen aufgeschrieben.

- **Wie komme ich in Bewegung?**
- **Was ist meine Berufung?**
- **Wie finde ich meine Freude?**

Drei Fragen für ein ganzes Buch. Vielleicht würde seine Zeit ja noch kommen. Vielleicht wartete das Buch nur auf seine Entwicklung, und die Antworten würden zu ihm finden.

Nachdenklich blies er den Rauch des letzten Zuges aus und warf noch einmal einen Blick auf sein Smartphone. 142 Personen gefiel sein Beitrag. Nicht schlecht. Immerhin. Nicht allein – oder doch? Vielleicht sollte er etwas ändern. Flora sagte immer: »Wenn nicht jetzt, wann dann?« Das stimmte eigentlich. Warum eigentlich nicht jetzt? Warum nicht heute? Also gut. Er dachte wieder an das Reisenotizbuch seiner Schwester.

»Man entdeckt keine neuen Erdteile, ohne den Mut zu haben, alte Küsten aus den Augen zu verlieren.« Diese Worte des französischen Schriftstellers André Gide hatte Flora damals für ihn als Widmung auf das Vorsatzblatt geschrieben. Er setzte seine grün-weiße Cap der

Boston Celtics auf und rollte, den Gedanken an Flora nachhängend, mit seinem Skateboard nach Hause. Das Reisenotizbuch ging ihm dabei einfach nicht aus dem Kopf. Während er mit seinem Board in der Hand das Treppenhaus des Mietshauses betrat und in Richtung Kellertreppe blickte, wurde ihm bewusst, dass er schon lange nicht mehr in seinem kleinen Kellerabteil gewesen war. Irgendwie würde er das Buch doch gern finden. Einen Versuch war es wert. Neben den alten Eimern mit Wandfarbe und dem Stapel zerbrochener Fliesen schimmerte etwas Rotes unter dem alten, vergilbten Bettlaken hervor.

Der rot-weiße Reiserucksack von Theresa. Nachdenklich hob er ihn aus dem Gerümpel und fühlte im Inneren der Tasche einen rechteckigen Gegenstand. Er öffnete den großen Reißverschluss und musste lächeln. Da war es. Das Notizbuch für seine Reiseabenteuer von Flora. Konnte das Zufall sein? Es fühlte sich nach einer dieser in vielen Filmen beschriebenen Fügungen an. »Folge den Zeichen«, hatte Flora immer wieder zu ihm gesagt. Vielleicht war das ja sein Zeichen. Vielleicht sollte er Flora einfach mal wieder besuchen. Morgen hatte er frei.

Warum nicht einfach starten?

Warum eigentlich nicht jetzt?

Memento mori

Ticktack.

Sebastian starrte gedankenverloren auf die graue Wand des Großraumbüros in Frankfurt am Main. Die drei Wanduhren mit den verschiedenen Zeitzonen tickten wie jeden Tag gleichbleibend vor sich hin. New York, London, Berlin. Jede Uhr lief unaufhörlich und spiegelte die Monotonie seines Alltags wider. Wie gern würde er wieder einmal reisen. Anstatt sich die Bilder der Länder zu den jeweiligen Uhren vorzustellen, konnte sein Geist sich jedoch nur auf das Ticken konzentrieren.

Diese drei Uhren begleiteten ihn schon so lange. Sie schienen den Rhythmus seines Lebens zu bestimmen. Seine Kollegen kamen ihm auch immer träger vor. Sie wirkten mit jedem Tag noch uninspirierter und sehr weit entfernt. Wieso spürte keiner mehr das wahre Leben?

Was war aus ihren Träumen und ihrer Fantasie geworden? Konnte das etwa alles gewesen sein?

Gedankenverloren drehte er an dem kleinen aus Holz gefertigten Globus. Er war nicht größer als 15 Zentimeter und der einzige private Gegenstand auf seinem Schreibtisch. Der Globus war ein Geschenk seines Vaters Paul und wunderschön filigran bemalt. Jedes Land war mit einer goldenen Linie umrandet.

Er musste oft an das Lieblingsbuch seiner Kindheit denken: *Momo.* Er hatte schon als Kind die Weisheit von Meister Secundus Minutius Hora, dem zierlichen alten Herrn mit silberweißem Haar, geliebt. »Alle Zeit, die nicht mit dem Herzen wahrgenommen wird, ist so verloren wie die Farben des Regenbogens für einen Blinden«, waren dessen Worte an der Stelle in der Geschichte, die er immer besonders gemocht hatte.

Sebastian sah sich selbst mittlerweile jedoch eher in der Rolle der »grauen Herren«. Verloren in der eigenen Vorstellung, ständig Zeit sparen zu müssen, noch effizienter vorzugehen und Sparpläne mit maximaler Rendite zu entdecken, anstatt das wahre Leben im Abenteuer seiner Berufung zu erfahren. Berufung. Dafür fehlte ihm gerade die Kraft. Als Kind hatte dagegen alles so leicht gewirkt.

Wo war seine Kraft nur hin? Die Kraft seiner Träume.

Diese Frage stellte er sich schon lange. Er konnte sie mit dem Blick auf attraktive Aktienfonds und sein Bankkonto zwar lange ignorieren, doch sie schien sich ihm stets von Neuem aufzudrängen. Sie bahnte sich ihren Weg durch versteckte Zeichen in sein Herz und flüsterte ihm leise zu, dass etwas Leuchtendes auf ihn wartete.

Ticktack.

Er musste hinauskommen. Als Kind hatte er gewusst, dass das Leben ein Spielplatz voller Abenteuer ist. Wieso nicht einfach mal ausbrechen? Um kurz Luft zu schnappen, stand er auf, bewegte sich durch die langen, einförmigen Gänge in Richtung Fahrstuhl und fuhr in den Eingangsbereich. Das Ticken der Uhren begleitete ihn noch immer. In diesem Gebäude erschien ihm einfach alles grau und eintönig.

Vor der Tür atmete er tief ein.

Menschenmassen hetzten über die Straßen. Die meisten Geschäftsleute trotteten mit gesenktem Blick auf ihre Smartphones an ihm vorbei. In den letzten Wochen waren ihm immer wieder Werbeplakate aufgefallen. Wie von Zauberhand waren Botschaften erschienen, die ihn so sehr berührten, dass er schwören könnte, sie seien für ihn bestimmt. »Erlebe dein Abenteuer« – jeden Morgen begrüßten ihn diese Worte neben dem Eingang einer Bäckerei an der Litfaßsäule. Obwohl er nicht besonders spirituell war, hatte er manchmal den Eindruck, dass das Universum oder sein Leben mit ihm zu kommunizieren versuchte.

Auf dem Weg von seiner Wohnung in das Büro fielen ihm mittlerweile viele solcher Werbeplakate auf. Sie schienen ihm fast schon den Weg weisen zu wollen. Vor dem Eingang zur U7 lächelte ihn ein Cowboy mit den Worten »Das Leben wird dich führen« an. Im U-Bahn-Schacht, an der Wand oberhalb der Gleise, strahlte eine junge Frau neben der Botschaft »Dein Glück ist jede Reise wert«.

Konnte das Zufall sein?

Schon als 20-Jähriger hatte er sich auf die Reise machen wollen. Heute, mit knapp 55 Jahren, schien es beinahe absurd, diese Träume noch einfangen zu wollen. Doch warum eigentlich nicht? In den letzten Wochen hatte er sich immer wieder mal Fragen aufgeschrieben. Fragen, die ihn schon sehr lange beschäftigten und auf die er sich sehnlich eine Antwort wünschte.

- **Was gibt mir Kraft?**
- **Wie finde ich inneren Frieden?**
- **Wie meistere ich meine Lebenskrise?**
- **Wie manifestiere ich ein Leben in Fülle?**

Doch wer sollte ihm diese Fragen stichhaltig und glaubhaft beantworten können? Die Erfolgscoaches in den YouTube-Werbeunterbrechungen sicher nicht. Immer wieder musste er an seinen Globus denken. Bevor sein Vater in die Schweizer Alpen aufgebrochen war, hatte er ihm das gute Stück überreicht. Sein Vater Paul war immer schon seiner Berufung gefolgt. Er war ein berühmter Fotograf und stets an den beeindruckendsten Orten des Planeten. Als sein Vater in Sebastians jetzigem Alter gewesen war, bereiste er schon lange die ganze Welt. Sebastian hatte es als Kind geliebt, seinen Geschichten aus Kuala Lumpur, Tansania und Panama zu lauschen. Doch er? Was war mit ihm? Seine größte Reise war der All-inclusive-Urlaub auf Gran Canaria gewesen. Ein zu hundert Prozent durchgeplantes und bis ins kleinste Detail strukturiertes Pseudoabenteuer. Sein Vater dagegen hatte ihm früher vor dem Schlafengehen von den glühenden Sonnenuntergängen des Salar de Uyuni, einer atemberaubenden Salzwüste in Bolivien, von den Nebelwäldern in den Bergen Costa Ricas und seinen Expeditionen in die Arktis erzählt.

Angelehnt an die Hauswand des gigantischen Bürogebäudes im Bankenviertel ließ er den Blick über die vor sich hin hetzenden Menschen schweifen. Plötzlich fiel ihm an der Bushaltestelle auf der anderen Straßenseite ein junger Mann auf. Nicht älter als Anfang zwanzig, mit durchgewetzten Turnschuhen, einer viel zu weiten Jogginghose und einer grün-weißen Baseballkappe.

Irgendetwas an diesem jungen Mann faszinierte ihn. Ihre Blicke kreuzten sich kurz. Als ob er ihn an etwas erinnerte. Nur an was?

Der grün-blaue Bus kam und versperrte ihm die Sicht. Auf seiner Seite war eine Werbung abgedruckt: »*Memento mori*«.

Ernsthaft? Erst hatte er das Gefühl, dass dieser junge Mann ihn an etwas erinnerte, und dann las er »*Memento mori*«. Vielleicht war es an der Zeit, sich an etwas zu erinnern. Euphorisiert blickte er dem Bus nach und fühlte ein erfrischendes Kribbeln in seinem Bauch. Ja, es war an der Zeit, etwas zu ändern und sich wieder bewusst zu werden: seiner selbst, dessen, was er wirklich wollte, und der verrinnenden Zeit.

Memento mori – sei dir deiner Sterblichkeit bewusst. Diese Worte berührten ihn, und er fühlte ein lange nicht da gewesenes Gefühl des Aufbruchs in sich. Er ging lächelnd Richtung Fahrstuhl, und noch bevor der Lift das Stockwerk seiner Abteilung erreichte, stand sein Entschluss fest. Er würde reisen. Ja, er würde seine Zeit nutzen. Er würde nicht warten, bis es zu spät war, sondern ab jetzt jeden Moment genießen, um sein Leben in den bunten Farben des Mutes und der Freude zu gestalten. Am Schreibtisch angekommen, blickte er noch einmal schmunzelnd auf die drei Uhren. *Memento mori* – Meister Hora aus *Momo* wäre stolz auf ihn. Der einzige Gegenstand, der ihn nun an diesem Ort noch wertvoll erschien, war der kleine hölzerne Globus. Er drehte ihn, und seine Augen folgten der rotierenden Erdkugel. Als er ihn mit dem Zeigefinger stoppte, blickte er auf das ausgewählte Land. Indonesien. Sein Vater hatte ihm immer wieder bunte Geschichten von Bali, der Insel der Götter, erzählt.

Bali also! Warum eigentlich nicht jetzt?

Folge den Zeichen

Kurz bevor der grün-blaue Bus zischend vor ihm zum Stehen kam, war Raphael ein Mann auf der gegenüberliegenden Straßenseite aufgefallen. Er war etwa 50 Jahre alt und wirkte sehr nachdenklich. Seltsam. Er blickte Raphael an, als ob sie sich kennen würden. Auf unbestimmte Weise hatte er selbst gerade das Gefühl, diesem Mann schon einmal begegnet zu sein. Flora sagte immer, dass unsere Begegnungen durch unsichtbare Linien wie durch goldene Fäden verbunden seien. Dass uns jede Begegnung im Tanz des Lebens führe und leite. So fühlte es sich gerade an. Aber warum? Er kannte diesen Mann ja nicht einmal, und ehrlich gesagt sah er nicht besonders cool aus. Früher hatte er hinter Männern in diesem Alter meist Zivilpolizisten vermutet. Doch diese Begegnung war kein Zufall, das konnte er spüren. Bevor er den Mann genauer betrachten konnte, versperrte ihm der grün-blaue Bus die Sicht. Die aufgedruckte Werbung erinnerte ihn an seinen Lateinunterricht. Latein. Ha, braucht kein Mensch! Was er brauchte, war eine Fügung. Er brauchte ein Zeichen. Noch sieben Haltestellen und einmal umsteigen bis zur Wohnung von Flora, sagte seine App.

Ob sie ihn überhaupt sehen wollte nach all den Jahren? So oft hatte er daran gedacht, sie in Frankfurt besuchen zu kommen. Doch nun zweifelte er mit jedem weiteren Gedanken an die bevorstehende Begegnung immer mehr daran, ob Flora sich über das Wiedersehen überhaupt freuen würde. Er hätte ihr wenigstens zu ihren vergangenen Geburtstagen einen Besuch abstatten können, doch über eine Instagram-Direct-Message war er nie hinausgekommen. Hätte er bloß nicht immer so viel geraucht. Während der Fahrt setzte er seine Kopfhörer auf und nickte verträumt zum Beat des französischen Rappers in seinen Ohren.

Als er vor Floras Haustür stand, atmete er durch und spürte ein leichtes Kribbeln in seinem Bauch. Merkwürdig. Dieses Gefühl hatte er schon empfunden, als er den Rucksack im Keller gefunden hatte. Die dunkelbraune Holztür war mit goldenen Linien verziert, und auf dem oberen Rand stand »Folge den Zeichen« mit dünner Kreide geschrieben. Seine Schwester hatte schon immer einen Hang zum Mystischen gehabt. Mit pochendem Herzen klopfte Raphael vorsichtig an die Tür.

»Raphie, oh, mein lieber Raphie«, rief Flora, als sie ihm schwungvoll die Tür öffnete. Liebevoll warf sie sich ihm um den Hals und streichelte ihn sanft am Hinterkopf. Sie war schon immer so wundervoll fröhlich und klar. Sie leuchtete einfach. Ganz besonders, seitdem sie von ihren großen Reisen zurückgekehrt war und noch mehr meditierte. Dieses Strahlen in ihren Augen hatte ihn von klein auf fasziniert.

Sie sah genauso aus, wie er sie in Erinnerung hatte. Ihre langen braunen Haare, in denen einzelne leicht verfilzte Zöpfe mit Perlen eingeflochten waren, gaben ihr noch immer diese interessante Erscheinung: eine Mischung aus einer Backpackerin und einem Model. Die Tattoos an den Schultern zeigten Ganesha und andere indische Götter, die Raphael noch nie wirklich hatte zuordnen können. Ihre Haut schien noch braun von den Reisen zu sein, obwohl sie schon seit Jahren in Frankfurt lebte. Sie war einfach bildhübsch und wirkte so entspannt und erholt wie früher. Vielleicht liegt es an den weiten Hosen oder an ihrem gechillten Leben, dachte Raphael. Irgendetwas mussten dieses Yoga und all das Meditieren anscheinend doch an sich haben ... oder die Räucherstäbchen vernebelten ihr die Sinne.

»Ich habe in den letzten Tagen immer wieder an dich gedacht«, sagte Flora grinsend.

Natürlich. Warum wunderte das Raphael gerade jetzt überhaupt nicht?

»Komm rein, ich mache uns einen Tee.«

Raphael ging zögerlich in die liebevoll eingerichtete Altbauwohnung und fühlte sich direkt wohl. Die tibetischen Fahnen an den Wänden, die Mandalaformen auf den Glasuntersetzern und die buddhistische Gebetskette auf dem kleinen dreibeinigen Holztisch erinnerten ihn sofort an Floras Leidenschaft. Auf den hölzernen Wandregalen erkannte er die kleinen Elefantenfiguren, die er ihr geschenkt hatte. Sie hatte sie alle aufgehoben. Er meinte sogar, den Geruch des bekannten Holzes wahrzunehmen. Wie hieß es doch gleich?

»Hast du es gerochen? Ich habe frisch mit Palo Santo geräuchert«, rief Flora mit fröhlicher Stimme aus der Küche.

»Ja, ich habe mich gerade gefragt, wie es heißt, und schon kommt die Antwort. So kenne ich mein Schwesterherz.«

Flora lief barfuß mit einem dunkelbraunen Holztablett an ihm vorbei. Sie schenkte ihnen achtsam und mit einem sanften Lächeln grünen Tee ein und entzündete die Kerzen mit den aufgedruckten kalligrafischen Schriftzügen »Dankbarkeit«, »Liebe« und »Freude«. Dann band sie ihre Haare mit einer eleganten Bewegung neben ihrer Schulter zusammen, während sie sich im Schneidersitz entspannt auf das große Meditationskissen neben Raphael sinken ließ.

»Namasté, Bruderherz«, sagte Flora mit einem Augenzwinkern.

»Ich dachte, es sei grüner Tee?«, antwortete Raphael grinsend. Irgendwie mochte er all das auch ein wenig. All diese exotischen Gegenstände, die Einstellung seiner Schwester und die Atmosphäre strahlten schon immer eine Form von Ruhe auf ihn aus. Früher hatte er sie damit aufgezogen, doch mit der Zeit nahm er immer deutlicher wahr, dass Flora einfach glücklich war. Glück! Was für ein entfernter Begriff. Fast schon abstrakt.

»Und, bist du glücklich, Raphie?«, fragte Flora.

Das gab es doch nicht. Sie konnte scheinbar wirklich Gedanken lesen. Raphael setzte seine Tasse langsam ab, um in aller Ruhe zu antworten.

»Flora, ich muss dringend etwas ändern. Den ganzen Tag starre ich auf mein blödes Handy und warte, dass etwas passiert. Meine Welt wird irgendwie immer dunkler und sinnloser. Ich kiffe nonstop und fühle mich die ganze Zeit so verloren. Als ob ich mein Leben mit Chillen verschwenden würde. Und dabei empfinde ich nicht mal Freude.«

»Ach, mein lieber Raphie, ich schaue dir schon so lange zu. Vielleicht ist es an der Zeit, etwas zu verändern«, sagte Flora mitfühlend.

»Ja, das geht schon viel zu lange so«, stimmte Raphael zu. »Als ich im Keller war, habe ich dein Buch gefunden. Das Notizbuch für meine Reisen. Du hast als Widmung geschrieben, dass man keine neuen Erdteile entdeckt, wenn man nicht den Mut hat, alte Küsten aus den Augen zu verlieren. Deshalb bin ich hier. Ich dachte mir, es ist Zeit für eine kleine Reise!«

»Wie schön! Und wo geht es hin?«, fragte Flora aufgeregt, während sie sich gespannt nach vorn neigte und ihn mit ihren leuchtenden braunen Augen anstrahlte.

»Wie, wo geht es hin?«, erwiderte Raphael irritiert.

»Na, wo deine kleine Reise dich hinführen soll.«

»Ähm, hierher?«, antwortete Raphael stockend. »Ich dachte mir einfach, dass ich dich besuche und eine Reise unternehme.«

»Aber Raphie, das ist doch keine Reise! Das ist bestenfalls ein kleiner Ausflug. Wenn du neue Erdteile entdecken und die Küsten aus den Augen verlieren möchtest, die du kennst, dann musst du wenigstens schon den Kontinent wechseln«, entgegnete Flora lächelnd.

»Meinst du wirklich? Ich war doch noch nie weiter weg. Außer auf unseren Badeurlauben in Bibione habe ich noch nichts gesehen«, antwortete Raphael zögerlich.

»Ein Grund mehr, endlich mal loszuziehen«, konterte Flora liebevoll. »Mich ruft auch schon wieder ein Abenteuer. In ein paar Wochen besuche ich ein Meditations- und Yogaretreat in Nepal. Weißt du, meine Reisen haben mir immer alle Fragen beantwortet und mich so vieles gelehrt. Ich glaube sogar, dass die Richtung meines ganzen Lebens und alle wichtigen Abzweigungen auf meinen großen Reisen entschieden wurden.«

Fragen hatte Raphael tatsächlich einige auf dem Herzen. Er schrieb sie ja sogar schon auf: Wie komme ich in Bewegung? Was ist meine Berufung? Wie finde ich meine Freude? Das Buch, in dem er sie notiert hatte, ruhte neben ihm im Rucksack. Die einzigen Gegenstände, die er neben seiner Kleidung mitgenommen hatte, waren das Dankbarkeitstagebuch mit seinen drei Fragen und das Reisenotizbuch. Warum eigentlich? Vielleicht wollte ihm etwas Tieferes aus seinem Inneren sagen, dass er wirklich reisen sollte. Geld hatte er für seine Verhältnisse recht viel. Da die Mietkosten für seine kleine Einzimmerwohnung gering waren, kam er gut mit seinem BAföG zurecht. Ein paar Tausend Euro hatte er zusätzlich eingenommen, als er seine Plattensammlung mit all den Raritäten der alten Hip-Hop-Legenden verkauft hatte. Aufgrund seiner Spotify-Playlist hatte er kaum noch Verwendung für Vinyl, und obwohl es ihn traurig gestimmt hatte, hatte er die Platten auf Ebay eingestellt und war überrascht gewesen, wie viel Geld ihm geboten worden war. Einen großen Teil des Geldes hatte er vor zwei Jahren in Kryptowährungen angelegt. Ein Freund hatte ihm den Tipp gegeben, in Bitcoin und Ethereum zu investieren, und so hatte sich sein Erspartes um ein Vielfaches vermehrt. Eigentlich wollte er sich ein schönes Auto und neue Möbel kaufen, doch warum nicht auf eine richtig große Reise damit gehen? Eine echte, wirkliche Abenteuerreise. Raphael spürte ein aufregendes Kribbeln in seinem Bauch. Es wirkte fast so, als ob all seine Zellen vibrierten, sein Herz zu leuchten begänne und etwas in ihm ganz laut »Ja!« rufen würde. Nach einiger Zeit sagte Raphael mit glänzenden Augen: »Schwesterherz, ich glaube, du hast recht. Ich suche schon so lange nach meiner Freude. Ich will endlich in Bewegung kommen, mit dem Kiffen aufhören und meine Berufung finden. Ich glaube, es ist wirklich an der Zeit. Aber wo soll ich hinfliegen?«

»Folge den Zeichen«, gab Flora funkelnd zurück. Raphael ließ seinen Blick durch die geschmackvoll eingerichtete Wohnung schweifen. Ein buntes, mit Elefanten bedrucktes Tuch aus Afrika, eine kleine Gebetsmühle aus Nepal, ein mexikanischer Totenkopf. Zeichen schien es hier mehr als genug zu geben. Sein Blick zog weiter durch den Raum, bis seine suchenden Augen schließlich auf einem eingerahmten Schriftstück zur Ruhe kamen. Es schien fast so, als ob sein Blick magnetisch vom goldenen Bilderrahmen und dem hinter Glas aufbewahrten Pergament angezogen würden. Er stand auf und betrachtete das eingerahmte Dokument näher. Es schien eine Art Zertifikat zu sein.

»INTERNATIONALLY CERTIFIED YOGA TEACHER TRAINING – UBUD.«

»Ich glaube, das könnte es sein. Irgendwie ruft mich diese Urkunde. Was ist Ubud? Eine Stadt? Wo liegt das?«

»Bali«, antwortete Flora mit einem sanften Lächeln auf den Lippen.

»Bali«, wiederholte Raphael flüsternd.

Bali also! Warum eigentlich nicht jetzt?

Bali

Was ist meine Berufung?

Welcome home

Als Raphael das Flughafengebäude in Denpasar verließ, nahm er sofort den intensiven Geruch der Nelkenzigaretten und die feuchtheiße Luft Asiens wahr. Im nächsten Moment vermischte sich der Duft mit den Abgasen der wartenden Taxis im hektischen Trubel der Menschenmassen. Kurz dachte er daran, eine Instagram-Story zu veröffentlichen. Nein, diesmal würde er sich keine Freude durch die Dopaminpumpe seines Smartphones verschaffen. Das Hupen der Autos und die blechern klingende Musik aus den billigen Boxen neben dem Suppenwagen am Straßenrand rüttelten ihn nach dem 18-stündigen Flug schnell wach. Die angenehme Wärme ließ ihn lächeln. Irgendetwas wartete hier auf ihn. Er konnte es fühlen.

Trotz der scheinbaren Fremde fühlte er sich auf eine vertraute Art und Weise geborgen. Ganz so, als wäre er hier heimisch. Verrückt, da flog er zwölftausend Kilometer um die Welt und hatte das Gefühl, plötzlich zu Hause angekommen zu sein. Es wirkte fast, als ob er hier schon einmal gewesen wäre. Wie von einer unsichtbaren Kraft geführt, blickte er automatisch nach rechts. Er hatte den Mann neben sich bereits beim Einchecken am Terminal gesehen und glaubte, ihm auch zuvor schon irgendwo einmal begegnet zu sein. Nur wo? Ihre Blicke kreuzten sich erneut. Vertraut und dennoch verlegen lächelten sich die beiden an.

Wer war dieser Typ?

Interessiert beobachtete Raphael ihn im Vorbeigehen und dachte sich: »Wenn ich einmal fünfzig bin, möchte ich auch so fest im Leben stehen. Ganz sicher hat er einen erfüllenden Beruf, kennt seinen Weg und weiß genau, wo er steht. Er ist wahrscheinlich jeden Tag voller Freude und weiß, was seine Berufung ist. Das muss sich gut anfühlen.« Raphael stieg in das wartende Taxi vor ihm und schüttelte sich unwillkürlich. Die Außentemperatur betrug über 30 Grad, während ihn im Inneren des Wagens kühle 15 Grad Celsius erwarteten. Der Fahrer lächelte ihn fröhlich an und sagte: »*Welcome home! I am Jersan. Where do you want to go, my friend?*« Das gab es doch nicht. *Welcome home?* Echt jetzt? Raphael konnte seinen Ohren kaum trauen. Das fing ja gut an. Lächelnd musste er an Flora denken.

»*Hi, Jersan, I am Raphael. Can you take me to Ubud?*«, fragte er zögernd.

»*Sure, whatever you want, my friend. Ubud is a magic place*«, antwortete Jersan lachend und fuhr los. Na klar, was auch sonst. Raphael schloss die Augen, während das Taxi auf die Hauptstraße abbog.

Das muss sich gut anfühlen

»*Good price, good price, Sir!*« Sebastian ignorierte die Rufe des wild gestikulierenden Taxifahrers. Erst einmal Orientierung verschaffen. Seltsam eigentlich. Wieso wollte er immer alles kontrollieren? Vielleicht lag es an seinem Alter und dem zunehmenden Bedürfnis nach Sicherheit. Langsam drehte er sich nach links und entdeckte den jungen Mann wieder. Etwas Faszinierendes ging von ihm aus. Sie hatten sich bereits in Jakarta beim Boarding gesehen. Aus irgendeinem Grund hatte er schon dort an den jungen Mann an der Bushaltestelle in Frankfurt denken müssen. Sie sahen sich verblüffend ähnlich. Alles hatte sich verändert, nachdem Sebastian ihn damals gesehen und der Bus ihm die entscheidende Botschaft geschenkt hatte. »*Memento mori*«, flüsterte es seitdem immer wieder in ihm. So war es ihm recht leichtgefallen, seine Kündigung einzureichen. Kurzerhand hatte er seine ETF-

Sparpläne aufgelöst und den Flug gebucht. »Wenn nicht jetzt, wann dann?«, hatte er gedacht.

Und nun stand er hier, vor dem Flughafengebäude in Denpasar, Bali. Der junge Mann zu seiner Rechten stieg in eines der wartenden Taxis. Schon beim Wechseln des Flugzeugs hatte er vor ihm gestanden und zufälligerweise seinen Namen bei der Passkontrolle gehört: »Raphael«. Ein alter Freund trug denselben Namen, und so wurde Sebastian an seine unbeschwerte Schulzeit erinnert. Gott, wie leicht das Leben damals gewesen war. In der Schwüle der Abendsonne musste er plötzlich schmunzeln: Wenn er noch einmal Anfang zwanzig wäre ...! Er ließ seinen Blick über die Palmen am Rand des Flughafeneingangs schweifen und grübelte: »Dieser junge Mann weiß sicher sehr genau, wo er hinwill und was er vom Leben möchte. Bestimmt kennt er keine Krisen. Wahrscheinlich ist er ganz klar, mutig und genießt seinen Weg. Er hat jeden Tag Spaß und lebt seine Berufung in Leichtigkeit und Freude.« Wie gern würde er selbst auch noch einmal in dieser Leichtigkeit leben.

»Das muss sich gut anfühlen«, dachte Sebastian sehnsüchtig, bis er von den Rufen des Taxifahrers wieder zurück in den Moment geholt wurde.

»*Good price, my friend! Good price.*«

Sebastian nickte freundlich.

»*Where should we go?*«, fragte der Taxifahrer lächelnd, während er das Gepäck im Kofferraum verstaute.

»Ubud«, antwortete Sebastian knapp.

»*Ubud? Oh, good! Most people find happiness in Ubud!*«

»*Happiness!* Das muss sich gut anfühlen«, dachte sich Sebastian und stieg ein.

Die drei Wege zum Glück

Einige Tage hatte Raphael bereits auf den belebten Straßen, den farbenfrohen Märkten und den bunten, liebevoll eingerichteten Läden in Ubud verbracht. Nun stand er vor einer kleinen Yogaschule, deren Eingang mit Bambus verkleidet war. Da war er wieder. Der Geruch des Holzes, den er von seiner Schwester kannte. Der Eingang der Schule war mit mystischen Ornamenten verziert, und auf der Fußmatte war die Blume des Lebens abgebildet. Natürlich kannte er das Symbol von Flora und musste direkt an seine liebevolle Schwester denken. »Folge den Zeichen«, hatte sie vor seinem Abflug nochmals zu ihm gesagt. Also gut. Vorsichtig und fast schon schleichend betrat er das Gebäude.

»Hi, I'm Moune«, begrüßte ihn die strahlende Frau am Eingang lächelnd. Sie trug ein schwarzes, enges Top mit einer kleinen Lotusblüte in der Mitte und schwarze Leggins. *»Where are you from?«*

»*Germany*«, antwortete Raphael verlegen.

»Oh, gut. Dann lass uns doch einfach deutsch sprechen«, sagte Moune grinsend und bat Raphael mit einer einladenden Handbewegung in das Innere des Hauses.

»Ich bin Volunteer auf Bali und gebe hier Yogakurse für deutsche Touristen. Daneben mache ich eine Kundalini-Yoga-Ausbildung«, erklärt ihm Moune, während sie zwei Stühle vor dem sprudelnden, mit grünem Farn bewachsenen Wandbrunnen zurechtrückte. Raphael war erleichtert. Schon wieder fühlte er sich geborgen. Fast schon wie von einer unsichtbaren Hand geführt.

»Ich bin Raphie und versuche den Zeichen zu folgen«, sagte er stockend. Wie peinlich. Jetzt hielt sie ihn sicher für verrückt. Er klang wie einer dieser esoterischen Idioten aus den Dokumentationen über übersinnliche Begebenheiten. Etwas Dümmeres hatte ihm wohl nicht einfallen können.

»Wie schön! Dann bist du hier genau richtig, denn diese Insel ist bekannt für ihre Fügungen, lieber Raphie«, gab Moune mit einem breiten Grinsen auf den Lippen wieder. »Wir fahren gleich mit einer Gruppe von Yogis nach Tabanan und besuchen den Tempel Pura Ulun Danu Bratan. Die Fahrt dauert nur eine gute Stunde. Komm doch mit!« Wow. Was für eine Einladung. Raphael hatte sich am Morgen noch gedacht, dass es nun, nachdem er den Jetlag überwunden hatte, wirklich an der Zeit war, die Insel zu entdecken.

»Cool. Ähm. Ja, gerne«, antwortete Raphael leicht verunsichert. »Geht das denn einfach so?«, ergänzte er der Form halber.

»Aber sicher. Auf Bali sagen wir ›*Tri Hita Karana*‹, was übersetzt so viel bedeutet wie ›Die drei Wege zum Glück‹. Dabei geht es um das Streben nach Harmonie und Balance. Die Balinesen suchen immer nach einer ausgeglichenen Beziehung zwischen dem übernatürlichen Sein, also dem Göttlichen, den Menschen und der Natur«, erklärte Moune. »Wenn wir dich mitnehmen, tragen wir doch zu dieser Balance bei«, fügte sie lächelnd hinzu, während sie ihre Yogamatte gekonnt zusammenrollte und anschließend mit einem braunen Band lässig über die Schulter hängen ließ.

Als Raphael eine halbe Stunde später aus dem Fenster des Minivans blickte und die saftig grünen Reisterrassen bestaunte, dachte er über Mounes Worte nach. Harmonie unter den Menschen, Harmonie mit der Natur und Harmonie mit dem Göttlichen. Vielleicht würde ihn das ja zu einer ersten Antwort führen. Das Reisenotizbuch von Flora hatte er jeden Tag dabei. Seit seinem Abflug trug er es bei sich. Auf dem Flug von Jakarta nach Bali hatte er sich die drei Fragen nochmals auf der ersten Seite notiert und mit schönen Zeichnungen verziert.

Wie komme ich in Bewegung? Wie finde ich meine Freude? Was ist meine Berufung? Wobei ihn die letzte Frage momentan ganz besonders beschäftigte. Was sollte er nur mit seinem Leben anfangen? Die Vorschläge der netten Berufsberaterin hatten ihn eher abgeschreckt. Schließlich war er dem Rat seiner Eltern gefolgt und studierte Deutsch und Geschichte auf Lehramt. Etwas Solides sollte er machen, das hörte er schon sein halbes Leben lang. Scheinbar hielt niemand seine Kunst und seine Liebe zu bunten Wänden für solide. Die Besuche an der Uni verebbten immer mehr zum Scheinstudium, und auch wenn es niemand aussprach, schienen die Kommilitonen und auch seine Eltern zu ahnen, dass aus ihm kein Lehrer werden würde. Doch was dann? Er hätte wirklich zu gern eine Vision für sein Leben.

Bevor er sich weiter in seine Gedanken vertiefen konnte, fiel ihm auf, dass der kleine Van immer langsamer wurde und auf eine kleine Schotterstraße abbog. Als er zum Stehen kam, stieg Raphael aus und konnte seinen Augen kaum trauen. Malerisch lagen die beiden Tempelgebäude mit mehreren übereinanderliegenden Dächern in einem funkelnden See und spiegelten sich im Wasser vor der Bergkulisse. Die Tempelanlage am Ufer bestand aus einem großen, prächtigen und liebevoll angelegten Garten. Das Klima auf dem Hochplateau schien Raphael sehr angenehm und deutlich kühler als in der Stadt zu sein.

Während Moune mit ihrer Yogagruppe die Matten ausrollte, um ihre Session im nahenden Sonnenuntergang vorzubereiten, beschloss Raphael, sich im Garten umzusehen. Auf dem Weg durch die parkähnliche Anlage mit Rasenflächen und Blumenbeeten bestaunte er die bewaldeten Berge, die den See umgaben. Er lief staunend an den Palmen und Laubbäumen entlang, bis er plötzlich einen lächelnden Mönch vor sich sah. Er war knapp zwei Köpfe kleiner als Raphael, trug ein weites orangefarbenes Gewand und hatte funkelnde blaue Augen.

»*Welcome home*«, sagte der Mönch freudestrahlend und reichte Raphael seine Hand. Wie gebannt nahm er die Hand des Mönchs und spürte wieder dieses bekannte Kribbeln und Vibrieren in seinem Bauch, seinen Fingerspitzen und seiner Herzregion.

»Ha… hallo«, stotterte Raphael, vollkommen perplex über die unerwartete Begrüßung.

»Ich spreche deine Sprache, mein Freund«, fuhr der mysteriöse Mönch fort. »Hast du eine Frage auf dem Herzen?«

Unfassbar! Wie war das möglich? Noch kurz bevor der Minivan vor dem Tempel zum Stehen gekommen war, hatte Raphael an seine

Fragen in Floras Buch gedacht. Das konnte kein Zufall sein. Okay, Mann, nur Mut, Raphie – einen Versuch ist es wert, dachte er sich. Wenn nicht jetzt, wann dann?

»Ähm, hi. Ich … ähm. Wie finde ich meine Berufung?«, stotterte Raphael sichtlich nervös in Anbetracht der unglaublichen Situation, deren Zeuge er soeben wurde.

»Deine Berufung?«, fragte der Mönch verschmitzt. »Deine Berufung findest du nicht. Sie findet dich. Sie steht hinter dem Prinzip der Schöpfung. Dieses Prinzip besagt, dass der Ursprung deines Lebens geistiger Natur ist. Deine Gedanken sind es, die jede Veränderungen in Gang setzen und Neues erschaffen. Alles beginnt in deinem Geist«, erklärte der Mönch mit ruhigen Worten. »Doch das Wichtigste ist Folgendes …«

Der Mönch aus Tabanan

Verfluchte Touristenfallen, dachte Sebastian mürrisch, als er im überfüllten Kleinbus saß, der in Richtung des Vulkansees nahe Bedugul fuhr. Die Klimaanlage war kaputt, und er fragte sich, warum er sich diese Tortur nur antat. Wenn er ehrlich war, wusste er es natürlich. Als er das Werbeplakat des Wassertempels gesehen hatte, hatte er wieder dieses ungeheure Kribbeln in der Magengegend verspürt. Das Universum schien mit ihm durch Plakatbotschaften zu kommunizieren. Sebastian schüttelte bei diesem Gedanken unwillkürlich leicht den Kopf. Er dachte schon wie einer dieser Hippies. Ihr Glück suchende, kiffende, barfüßige Traumtänzer in viel zu bunten Aladinhosen. Doch wenn er ganz offen war, dann suchte auch er nach nichts anderem. Vermutlich waren diese weiten Hosen sogar ziemlich bequem. Und ja, auch das musste er zugeben, die Botschaften auf den Werbetafeln hatten ihn immerhin bis hierhergeführt. Er hatte den Verkäufer neben dem Plakat mit dem Tempel gefragt, wo dieser zu finden sei, und »Pura Ulun Danu Bratan« als Antwort erhalten. Es handele sich um einen Shiva geweihten Wassertempel. So saß er nun hier. Bei gefühlten 40 Grad in einem überhitzten Kleinbus. Als er zum Stehen kam, folgte die Touristengruppe sofort dem erhobenen Regenschirm des Reiseveranstalters in Richtung Tempelanlage. Sebastian brauchte eine Pause. Er hatte kaum Augen für die Schönheit, die vor ihm lag, und streifte erschöpft durch die umliegende Parkanlage am Rand des Ufers. Plötzlich erblickte er vor sich einen interessant aussehenden Mönch. Er war erstaunlich klein, wirkte dennoch erhaben und strahlte etwas Heiliges aus. Der Mönch redete mit einem Mann, der Sebastian mit dem Rücken zugewandt dastand. Er näherte sich langsam und war auf einmal hellwach. Da war es wieder. Das bekannte Kitzeln in seinem Bauch. Als er den Mönch und seinen unbekannten Gesprächspartner erreichte, konnte er seinen Augen nicht trauen. Es war der junge Mann, den er am Flughafen bereits gesehen hatte. Die Situation schien so unwirklich, dass Sebastian zweimal hinschauen musste. Fast noch erstaunter war er, als er wahrnahm, dass der alte Mönch deutsch sprach. Er hörte ihn sagen: »Doch das Wichtigste ist Folgendes …« Langsam drehte der junge Mann seinen Kopf zu Sebastian, bevor der Mönch seinen Satz beenden konnte. Beide blickten sich irritiert in die Augen. Egal was er bis jetzt gedacht hatte, diese Begegnung konnte nicht mehr normal sein. Sebastian war sich bewusst: Stochastisch betrachtet war eine solche Verkettung tatsächlich höchst unwahrscheinlich. So viele Begegnungen in solch kurzer Zeit mit demselben Menschen hatte er bisher noch nie erlebt.

»Kennen wir uns nicht vom Flughafen?«, durchbrach Raphael die Stille nach einer gefühlten Ewigkeit.

»Ja, ich … ich glaube, wir sind uns schon öfter begegnet«, erwiderte Sebastian zögernd. Er blickte auf die grün-weiße Baseballkappe der Person vor sich und war sich fast sicher, dass dies der junge Mann von der Bushaltestelle in Frankfurt sein musste. Bevor er seinen Gedanken ausformulieren konnte, unterbrach sie der Mönch mit einem leisen Kichern.

»Manchmal sind unsere Begegnungen durch unsichtbare Linien wie durch goldene Fäden verbunden«, erklärte der Mönch. »Folgt mir«, flüsterte er geheimnisvoll und führte die beiden am Ufer entlang zum Rand der Anlage, in Richtung eines kleinen Tempels. Im Inneren des unscheinbaren Tempels leuchteten Sebastian und Raphael plötzlich große goldene Buddhastatuen an, und es schien fast so, als wären sie frisch poliert worden. Sie strahlten so intensiv, dass es die beiden fast blendete. Der Mönch entzündete eine Kerze und blickte bedeutungsvoll auf die goldene Kugel über den Augen der größten Statue.

»*Semuanya semangat* – alles ist Geist«, flüsterte er leise. »Alles beruht auf Energie. Wenn ihr eure Fragen beantworten wollt, dann folgt den Prinzipien. Jenes der Schöpfung besagt, dass der Ursprung unseres Lebens geistiger Natur ist. Wenn ihr erkennt, dass die physische Realität, die ihr zu erfahren meint, nur ein Spiegel der inneren geistigen Verfassung ist, könnt ihr Verantwortung übernehmen und euch somit als die Schöpfer, die ihr in Wirklichkeit seid, erfahren. So findet dich deine Berufung«, sagte der Mönch nachdrücklich, während er Raphael in die Augen blickte.

»Aber wie? Wie gelingt mir das denn genau?«, fragte Raphael aufgeregt nach.

»Das Gesetz der Schöpfung verdeutlicht dir, dass deine Liebe und dein Glück nicht im Materiellen zu finden sind.

Alles entsteht stets in dir selbst und wird durch deinen Geist erschaffen. Möchtest du Veränderung in deinem Leben, beginne in deinem Inneren.

Beginne im inneren Kern der Schöpfung. Das Äußere wird sich wie ein Spiegelbild anpassen. Frage dich also immer nur, wo deine Liebe liegt«, unterstrich der Mönch mit leuchtenden Augen. Nach dieser Begegnung liefen Raphael und Sebastian schweigend am Ufer entlang. Beide fühlten sich wie paralysiert. Die Worte des Mönchs gingen tief und beschäftigten sie sehr. Noch bevor sie sich näher unterhalten konnten, hörte Raphael eine bekannte Stimme.

»Raphie, wir müssen los«, rief Moune mit winkenden Armen und deutete auf den wartenden Minivan.

»Man sieht sich«, rief Raphael gewohnt locker, während er zu joggen begann und Sebastian mit der rechten Hand lässig zuwinkte. Bevor dieser adäquat antworten konnte, rannte Raphael bereits in die Richtung der hübschen jungen Frau mit der Yogamatte unter dem Arm. Während der Van den kleinen Schotterweg an der Einfahrt zur Tempelanlage verließ und auf die Hauptstraße abbog, holte Raphael sein Reisenotizbuch hervor. Er schrieb sich die Sätze des Mönchs auf. »Alles ist Geist. Alles ist im Inneren zu finden. Frage dich, wo deine Liebe liegt.« Er schwang die Buchstaben in seinen gewohnten kalligrafieähnlichen Graffiti-Schriftzügen kunstvoll aus und ließ jedes Wort fliegen. »Geist«, »Inneren«, »Liebe«. Das war es! Seine Liebe. Er fühlte seine Liebe. Es war doch schon immer so offensichtlich. Es war die Kunst! Die Schrift. Das Zeichnen. Jetzt ergab alles Sinn. Endlich.

Dein Weg findet dich

»Buy my shop, Sir, look my shop, Sir!«

»No, thanks«, rief Raphael dem aufdringlichen Verkäufer zu, während er sich durch das Getümmel des Marktes in Ubud zu manövrieren versuchte. Plötzlich fiel ihm ein junges Mädchen auf, das ihn lachend zu sich winkte.

»Hi, I'm Raphie«, sagte er verlegen.

»Hi, my name is Luh«, sagte das Mädchen mit leuchtenden mandelbraunen Augen. *»Look at him«*, sagte sie freudestrahlend, nahm Raphael an der Hand und deutete auf einen Mann, der hinter Regalen mit Kokosnussschalen stand. Raphael traute seinen Augen kaum. Dort stand Sebastian. Nun begegneten sie sich zum dritten Mal auf dieser mystischen Reise. Ihm fielen sofort die Worte des Mönchs in Tabanan ein, der ihn in der Tempelanlage von Luhur in das Prinzip der

Schöpfung eingeweiht hatte. Raphael versuchte sich an den genauen Wortlaut zu erinnern. »Das grundlegende Prinzip besagt, dass der Ursprung unseres Lebens geistiger Natur ist«, hatte der Mönch gesagt. »Unsere eigenen Gedanken sind es, die magische Veränderungen in Gang setzen und Neues erschaffen. Willst du dein Leben verändern, so fange stets bei deinen Gedanken an.« War es nicht das, was er sich wünschte? Er hatte um ein Zeichen gebeten. Nun stand er wieder vor Sebastian. Dieser blickte ihn mit ebenso erstaunten Augen an. »Kann das sein? Ist das wirklich möglich? Vielleicht ist der Typ ja wirklich ein Zivilfahnder«, dachte Raphael und musste innerlich über seine Gedanken lachen. Warum sollten sie ihm bis nach Indonesien folgen? Seine Verfahren wegen Graffiti waren doch schon längst eingestellt und überhaupt ... puh. Er wurde schon völlig paranoid!

Luh kicherte und sagte: *»Oh, you look stressed.«*

»Wahrscheinlich will sie uns eine Massage verkaufen«, vermutete Sebastian gewohnt kritisch und konnte kaum glauben, dass er das gerade laut ausgesprochen hatte. Zum Glück verstand sie seine Sprache nicht.

»Nein, ich möchte dir nichts verkaufen«, wandte Luh lächelnd ein. Raphael musste laut lachen. »Das kam unerwartet«, prustete er und lachte Sebastian freundlich an.

»Meine Schwester hat mich eure Sprache beigebracht«, ergänzte Luh. »Nicht gut, aber reicht ...! Ihr zwei habt Verabredung. Geht zusammen. Und lasst los. Lasst Zeit los. Zeit wie Wolken. Wird immer neu geboren. Von allein. Lasst los und ihr findet.«

»Wie sollen wir denn die Zeit loslassen?«, entgegnete Sebastian skeptisch.

»Ich kenne eine Ort, an dem Zeit stillsteht. Vier Tausend Inseln. Da gibt nur zwei Seiten. Du entscheidest. *Sunrise or sunset.* Sonne geht auf oder Sonne geht unter.«

»Das klingt easy«, meldete sich Raphael zu Wort und ergänzte neugierig, »wo ist denn dieser Ort?«

»La-os«, antwortete Luh und sprach das Wort bewusst langsam, fast schon flüsternd aus. »Laos«, wiederholten Raphael und Sebastian fast zeitgleich und mussten sich zwangsläufig kurz angrinsen.

»Ich geboren in Laos, und meine Schwester lebt in Laos, auf Four Thousand Islands«, erklärte Luh. »Egal wie die Frage, Laos bringt Antwort in Ruhe.«

Als Sebastian und Raphael das Gelände des lauten Marktes verließen, blieben sie unter den gelben Markisen des Eingangs einer Reiseagentur stehen. Die beiden Männer blickten sich verunsichert an. »Ha, Laos also«, sagte Raphael betont lässig mit leicht sarkastischem Unterton. Noch immer stellte er sich entspannter, als er sich eigentlich fühlte. »Spannend wäre es schon«, dachte er sich innerlich ein wenig verunsichert und fügte laut hinzu: »Wie soll man denn jetzt nach Laos kommen?«

»Laos? Ganz einfach. Der Flug kostet 200 Dollar, und morgen seid ihr da«, warf der Mann auf dem Schaukelstuhl hinter ihnen ein. Er trug einen ausgefransten Strohhut und zog entspannt an seiner Nelkenzigarette. Bisher hatten sie ihn nicht wahrgenommen. Er schien der Besitzer der Reiseagentur zu sein. Sebastian und Raphael blickten den Mann an und lächelten.

»Ernsthaft?«, fragte Sebastian skeptisch.

»Aber sicher, ihr werdet Laos lieben.«

»Was machst du eigentlich hier?«, fragte Raphael Sebastian mit wachen Augen.

»Das weiß ich eigentlich auch nicht so genau. Ich wollte mich vom Leben führen lassen und endlich mal ein echtes Abenteuer erleben. Was machst du hier auf Bali?«

»Ich weiß es eigentlich auch nicht. Irgendwie suche ich Antworten und auch ein kleines Abenteuer. Aber Laos klingt nach einem guten Abenteuer«, antwortete Raphael und konnte selbst nicht glauben, wie schnell sich eine neue Option für seine Reiseroute auftat. »Ich weiß, es klingt verrückt, aber sollen wir es einfach wagen und den Flug nach Laos gemeinsam antreten?«

»Klaro«, antwortete Raphael, und ein Grinsen huschte über sein Gesicht.

»Wow. Ganz schön spannend«, stellte Sebastian sachlich fest.

»Ja! Laos also«, bestätigte Raphael lächelnd.

Laos

Wie komme ich in Bewegung?

Im Nachtbus durch das Paradies

»*Sabaidii, sabaidii!*«, riefen die kleinen Kinder voller Begeisterung, während sie freudestrahlend und winkend neben Sebastian herliefen. Schon beim Verlassen des Flughafengebäudes war ihm die große Lebensfreude der Bevölkerung dieses Landes aufgefallen. Jetzt stand er im Schatten der hellblauen Vordächer und atmete durch.

»*Sabaidii*«, tönte es immer wieder hinter ihm. Die Freude dieser Kinder war ansteckend. Er musste lächeln und blickte sich um. Obwohl er noch mitten in der Stadt war, strahlte dieses Land schon jetzt eine ungeheure Ruhe auf ihn aus. »Was mich hier wohl erwartet?«, dachte er sehnsüchtig, während er aus dem kühlen Schatten des Busbahnhofgebäudes auf die heiße Straße trat, um nach Raphael Ausschau zu halten. Dem Ratschlag des Reiseagenturbesitzers auf Bali folgend, hatten sie sich für einen gemeinsamen Flug entschieden. Zunächst war Sebastian skeptisch gewesen, da er doch erst wenige Tage auf Bali verbracht hatte. Doch als er auf das Werbeplakat des Reisebüros in Ubud gestarrt hatte und ihn die Worte »*Follow your dreams, they know the way*« in roten Buchstaben fast schon frech aufforderten, seinem Gefühl zu vertrauen, hatte er sich lächelnd seinem Schicksal gefügt. Dass gerade er, der jedes spirituelle Gehabe strikt ablehnte, einmal auf so viele Zeichen achten und nur aufgrund empfangener Botschaften innerhalb einer Woche schon zwei Länder bereisen würde, hätte Sebastian vor einem Monat in seinem tristen Großraumbüro nicht gedacht. Doch nun stand er hier. In Luang Prabang, Laos. Die idyllische Lage im bergigen Norden des Landes hatte ihn schon auf der Taxifahrt vom Flughafen sofort in ihren Bann gezogen. Die riesigen geschwungenen Dächer der gerade einmal zweistöckigen Häuser und die prächtig verzierten Wände beeindruckten ihn schwer. Diese kleine Stadt strahlte förmlich. Bei seinem Erkundungsspaziergang durch die Altstadt fielen ihm sogleich die Mönche, die in andächtiger Haltung aus den Gebetshallen liefen, auf. Er musste erneut an die mysteriöse Begegnung in Tabanan denken. Zwischen den dampfenden Garküchen am Straßenrand und den kleinen Märkten huschten immer wieder Mönche in orangefarbenen Kutten an ihm vorbei. Neben der euphorisierenden Abenteuerlust in seinem Inneren meldete sich dabei immer wieder sein objektivierender Verstand: »Wenn das mal gut geht! Mit einem Anfang 20-jährigen Grünschnabel in einem fremden Land. Was passiert, wenn …?«

»Ich habe die Tickets«, holte ihn eine bekannte Stimme direkt wieder in die Gegenwart und das faszinierend fremde Geschehen der kleinen Stadt zurück. Raphael kam verschwitzt, deutlich außer Atem und dennoch fröhlich lächelnd auf ihn zugelaufen.

»Wahnsinn, diese Hitze«, gab er keuchend von sich, während sie unter das hellblaue, Schatten spendende Dach des Busbahnhofes schlenderten. Raphael überreichte Sebastian eines der beiden Tickets mit den aufgedruckten Schriftzeichen, die Hieroglyphen ähnelten. Die laotische Schrift ist eine Abugida, ein bestimmter Typus von Silbenschrift, und gehört zur Familie der indischen Schriften, hatte Sebastian während des Fluges recherchiert. Seinen Hang zur Kontrolle und zu detailverliebter Vorbereitung, der ihm oft selbst übertrieben vorkam, konnte er bis jetzt nur bedingt ablegen. Doch schließlich war er hier. Dieser kontrollierte Kontrollverlust bestärkte ihn in seiner Hoffnung, nun endlich neue Wege zu finden.

Nachdem Raphael etwa einen halben Liter Wasser aus der Plastikflasche in großen Zügen zu sich genommen hatte, erklärte er voller Vorfreude: »Also, wir müssen den Nachtbus nehmen. Das hier sind die Tickets. Eine gute und eine schlechte Nachricht. Das Gute ist, dass es ein Nachtbus ist, in dem wir schlafen können. Die schlechte Nachricht ist, dass der Bus über 20 Stunden braucht. Dann sind wir in Pakse. Von dort geht es nach Nakasong und dann zu den Viertausend Inseln.«

Nach einer Spazierfahrt klang diese Reisebeschreibung zwar nicht gerade, doch Sebastian dachte immer wieder an die Worte von Luh, dem Mädchen auf dem Markt in Ubud. Ihre Augen hatten so sehr gestrahlt, als sie von den Four Thousand Islands erzählt hatte. »Also gut, dann wagen wir das Abenteuer«, antwortete Sebastian mutig, wobei seine Stimme deutlich unsicherer klang, als er wollte. Er selbst hatte die Route am Vorabend betrachtet und feststellen müssen, dass Laos ein eher unterentwickeltes Land ist. Das bedeutete konkret, dass die

Straßen teilweise unbefestigt und die Übernachtungsmöglichkeiten in den ländlichen Regionen recht spärlich gesät waren. So hatten sie gemeinsam den Entschluss gefasst, die weite Strecke von Luang Prabang zu den sagenumwobenen Viertausend Inseln gemeinsam in einem Bus zurückzulegen.

Wenige Stunden später lagen beide nebeneinander in einem in die Jahre gekommenen Doppeldeckerbus und verließen Luang Prabang in der langsam hinter den geschwungenen Dächern versinkenden feuerroten Abendsonne. Ihre Körper waren deutlich enger aneinander positioniert, als sie es vorzogen. Mit ihren Tickets hatten sie sich eine gemeinsame Schlafkoje im oberen Teil des Busses verschafft. Schon als sie sich in tief gebückter, fast kriechender Haltung durch den Gang in Richtung ihrer Schlafplätze bewegt hatten, ahnten sie bereits, dass der Komfort eines ICE-Schlafwagens in Laos nicht Standard sein würde.

»Verdammte indische Schrift, hätten wir das lieber mal übersetzt«, fluchte Sebastian in Gedanken, als er sich endgültig damit abfand, dass diese unbequeme Körperhaltung nun für die nächsten 20 Stunden keine großen Veränderungen mehr zulassen würde. Zusammengekauert in ihrer Doppelkoje lagen die beiden unter den modrig riechenden Bettdecken des Busses und lauschten den monotonen Motorgeräuschen. Da sich die Straßen in Laos deutlich von den gewohnten europäischen Autobahnen unterschieden, wurde die ohnehin schon unbequeme Fahrt in unregelmäßigen Abständen von plötzlich auftretenden Schlaglöchern, die den Bus etwa 30 Zentimeter in die Höhe katapultieren, unterbrochen.

Ungefähr fünf Stunden später musste Sebastian auf die Toilette und fragte sich, welche Überraschung ihn nun erwarten mochte. Langsam kroch er erneut durch den Gang und schob sich an leise flüsternden Backpackern, schnarchenden Arbeitern und einigen kleinen Hühnerkäfigen vorbei. Im unteren Teil des Busses entdeckte er schließlich die gesuchte Tür. Sie klapperte halb geöffnet, und der austretende Geruch verhieß nichts Gutes. Im Inneren der Kabine entdeckt er einen hölzernen Deckel am Boden. Er öffnete ihn und blickte durch ein von Rost umringtes Loch direkt auf die unter ihm vorbeiziehende Straße. Wobei das Wort »Schotterpiste« den Untergrund, auf dem sich der Bus bewegte, deutlich treffender beschrieb. »Wirklich? Einfach nur ein Loch im Boden?«, dachte er sich entrüstet, während er sein Geschäft verrichtete. Gegenüber der altertümlichen Konstruktion befand sich eine große blaue Regentonne. Sie war bis an den Rand gefüllt mit übelriechendem Wasser. Sebastian wollte nicht wissen, seit wann sie dort stand und welche Geschichten diese Tonne zu erzählen hätte, wenn sie des Sprechens mächtig wäre. Kurz bevor er den kleinen Raum verlassen wollte, erschütterte ein tiefes Schlagloch den Bus. Knapp fünf Liter Wasser übergossen Sebastian, der sich mit weit aufgerissenen Augen an den Wänden des Busses zu stabilisieren versuchte. In Gedanken fluchend wie ein wütender Kobold, bewegte er sich deutlich erbost in Richtung seines Schlafplatzes zurück und berichtete Raphael von seinem Malheur. Dieser musste zwangsläufig ein wenig schmunzeln und antwortete trocken: »Schon nice, dass der Nachtbus auch Nachtduschen hat.«

Für den Rest der Nacht und den folgenden Tag beschränkten sich ihre Gespräche darauf, wie lange die Fahrt noch dauern würde. Und so gaben sich beide in zynischer Gelassenheit ihrem Schicksal hin, bis der Bus nach einer gefühlten Ewigkeit schließlich in Pakse ankam.

Die Zeit steht still

Vollkommen übermüdet, mittlerweile nicht mehr komplett durchnässt und trotz der Strapazen erstaunlich glücklich streckte sich Sebastian vor dem stehenden Bus in der Sonne und musste laut gähnen. »Was für eine Fahrt«, ging es ihm durch den Kopf, während Raphael bereits mit einem laotisch aussehenden Fahrer eines Vans, der neben den unzähligen Taxifahrern stand, zu verhandeln schien.

»Ich liebe dieses Land«, eröffnete Raphael sichtlich erfreut das Gespräch, während er breit grinsend auf Sebastian zulief. »Wir können direkt in dem grauen Van dort drüben mitfahren. Umgerechnet will er nur 4 Euro pro Person. Ist das nicht toll?«

»Wie herrlich leicht er zu begeistern ist«, dachte sich Sebastian, während er sein klammes und noch immer übel riechendes T-Shirt wechselte. Als die beiden in den Wagen einstiegen, fühlten sie sich wieder voll motiviert. Bald schon würden sie bei den mysteriösen Viertausend Inseln sein. Kribbelnde Freude stieg in Raphael auf.

Der graue Kleinbus zählte insgesamt acht Plätze im hinteren Bereich. Auf den beiden Rückbänken konnten jeweils drei Personen Platz nehmen, und hinter dem Fahrer und Beifahrer waren nochmals zwei mobile Autositze provisorisch montiert. Als der zwölfte Fahrgast mit den Worten »*Hi, guys, I am Liam from Australia*« beklommen lächelnd in den Bus stieg, ahnten Sebastian und Raphael, dass auch der letzte Fahrtabschnitt nochmals abenteuerlich werden könnte.

»Die Typen sind ja rotzfrech«, platzte es Raphael hinaus, als der Bus langsam zu rollen begann.

»Das scheint mir kein TÜV-geprüfter Bus zu sein«, ergänzte Sebastian müde lächelnd. Mittlerweile waren vierzehn Backpacker in das Fahrzeug verfrachtet worden.

»Na ja, aber eines wissen sie ... wie man Geschäfte macht!«, erwiderte Raphael leicht schmerzvoll grinsend. Neben ihren vierzehn ebenso übernächtigten und nicht besonders frisch duftenden Reisegefährtinnen und -gefährten zählten Sebastian und Raphael die Kilometer, bis sie das rettende, mit schwarzer Farbe von Hand gemalte Ortsschild von Ban Nakasong am Rande des gigantischen Mekongdeltas erblickten und synchron aufatmeten. Raphael quetschte sich sichtlich erleichtert aus dem heißen Bus und betrachtete die atemberaubende Kulisse. Vor ihm erstreckte sich eine gigantische Flusslandschaft, die kein Ende zu nehmen schien. Bis zum in der Hitze flimmernden Horizont erblickte er den ruhig fließenden, grün-braun strömenden Fluss, der von unzähligen kleinen, grün schimmernden Inseln durchzogen war. Das Bild, das sich vor ihm abzeichnete, strahlte eine harmonisierende Ruhe auf ihn aus.

»Der Mekong durchquert sechs Länder. Er erreicht in dieser Region eine Breite von bis zu 14 Kilometern, und die Four Thousand Islands sind ein Archipel mit Hunderten kleinen Inseln im Mekong«, klärte Sebastian ihn mit stolzer Stimme auf. Seinen Hang zur Recherche hatte er im Nachtbus nochmals ganz ausgelebt, als er eine Reisebroschüre in ihrer Schlafkabine gefunden hatte.

»Cool«, antwortete Raphael lässig und gewohnt knapp, während er einen kleinen Stein über das Wasser flippen ließ.

Etwa eine halbe Stunde später befanden sich die beiden in einem traditionellen laotischen Holzboot und verließen das Ufer, um ihrem Ziel, der Insel Don Det, entgegenzusteuern. Die Einheimischen nutzten die langen Holzboote mit den lauten Außenbordmotoren als Transportmittel, um die Inseln zu wechseln. So herrschte zunächst reges Treiben um sie herum, als sie den kleinen, mit Bambusrohren angelegten Fährhafen verließen. Die Einheimischen hatten teilweise überdimensional wirkende Pakete, Käfige, Decken und Holz an Bord und nickten freundlich zu Sebastian und Raphael hinüber. Schon bald kehrte immer mehr Ruhe um sie herum ein, und die ungewohnte Stille wurde irgendwann nur noch vom laufenden Motorengeräusch unterbrochen. An den Ufern zeigte sich teilweise dichter Dschungel, ab und zu tauchten verlassen wirkende Dörfer auf, und an den Stränden einiger kleiner Inseln hüpften Kinder, die freudig winkend »*Sabaidii*« riefen.

Raphael und Sebastian mussten lachen und winkten fröhlich zurück. Das Bild der imposanten Flusslandschaft wurde mit jeder Minute faszinierender. Der gewaltige Mekong wirkte auf sie wie ein mystisches, nie endendes Meer. Das Holzboot steuerte weiter durch ein

Labyrinth von idyllischen Inseln mit üppig grüner Vegetation. Die von Palmen gesäumten Sandstrände gaben ihnen das Gefühl, plötzlich in der Nähe der Südsee zu sein. Die Bewohner der Inseln bauten Reis an, fischten auf winzigen Holzbooten und wuschen sich am Ufer des Flusses. Der laotische Steuermann stellte den Motor ab, und das Boot glitt sanft in der träumerischen Stille auf den Steg einer Insel zu. »An diesem Ort steht die Zeit wirklich still«, dachte sich Sebastian, während das Boot tonlos mit der Strömung des Flusses trieb. Eine solche Ruhe hatten beide noch nie wahrgenommen. Sie blickten sich um und hatten den Eindruck, in einer vollkommen anderen Welt gelandet zu sein. Es wirkte fast so, als wären sie von der gesamten Außenwelt abgeschnitten und nur noch bei sich, dem Fluss und dieser unendlichen Stille.

Zwei Seiten

Vollkommen entspannt und sanft lächelnd legte der Bootsmann die Taue des Holzkahns um die einfache Klampe am hölzernen Steg der Insel. Sie waren am Ziel. Endlich. In Don Det, dem Ort, den die kleine Luh auf Bali mit leuchtenden Augen beschrieben hatte. Raphael und Sebastian erkundeten die kleine Insel. Sie strahlte sofort einen gewissen Zauber der Geborgenheit auf sie aus. Die einzelnen Behausungen bestanden aus einfachen Bambushütten, die direkt an den kleinen Stränden am Ufer des Flusses lagen. Viele Häuser standen auf Stelzen, und Hühner, spielende Hunderudel und sogar Büffel liefen frei herum. Das Leben ging einen ungewohnt anderen ruhigen Gang. Ein schmaler, holpriger Pfad führte um die gesamte Insel. Sebastian fielen zwei Holzschilder mit aufgemalten Pfeilen auf. »*Sunset*« und »*Sunrise*« stand auf den entgegensetzt aufgestellten Holztafeln.

»Hier gibt es nur zwei Seiten, *dudes*«, rief ihnen eine bekannte Stimme in australischem Akzent zu. Mit einer Flasche Wasser in der Hand grinste sie Liam, der Backpacker aus dem Van, an und ergänzte: »Hier sind zwei *options. Sunrise or Sunset. You have to decide. No more to do. It's easy!*«

»Das klingt wirklich easy«, beurteilte Raphael die erhaltene Information gewohnt entspannt und lief neben Sebastian her. Die beiden Reisegefährten beschlossen, sich zwei Hütten zu mieten, um sich von den Anstrengungen ihrer Odyssee zu erholen.

In den darauffolgenden zwei Wochen bemerkten sie gar nicht, wie die Zeit verging, und nahmen die Ruhe des außergewöhnlichen Eilands in sich auf. Sie kosteten die reifen Früchte des Landes in frisch gepressten Säften, bestaunten die malerischen Sonnenuntergänge und verbrachten Stunden zwischen Bambusrohren in Hängematten. Uhrzeiten und Pläne spielten hier keine Rolle. Sie schliefen in ihren einfachen Bambushütten, duschten unter freiem Himmel und genossen jede einzelne Sekunde in diesem Paradies der Zeitlosigkeit. Während Raphael eines Abends verträumt in den atemberaubenden Sonnenuntergang blickte, setzte sich Sebastian neben ihn in den Sand.

»Ich wäre auch gern so entspannt und klar wie du«, eröffnete Sebastian das Gespräch mit ruhiger Stimme, während er ein dünnes Bambusblatt auf seinen Fingern balancierte.

»Ich? Entspannt und klar?«, antwortete Raphael mit ironischem Unterton. »Ich bin so ziemlich der unklarste Typ der Welt.«

»Aber du scheinst dir keine großen Sorgen über das Leben zu machen. Ich stelle mir immerzu Fragen und will ständig alles kontrollieren«, gestand Sebastian mutig ein.

»Also«, begann Raphael mit hochgezogenen Augenbrauen, »erstens fühle ich mich meistens nur entspannt, wenn ich Gras rauche. Und *by the way,* ein Teil von mir überlegt jetzt bereits, ob und wo auf dieser Insel etwas zu rauchen zu finden ist. Sonderlich klar bin ich also wirklich nicht. Und zweitens: Ich habe auch einige Fragen. Mein ganzes Leben fühlt sich planlos an. Ständig scrolle ich durch mein Handy auf der Suche nach Sinn. Es fühlt sich an, als ob ich nonstop auf der Stelle treten würde.«

Die beiden nickten sich schweigend zu und blickten in den Abendhimmel, der sich immer tiefer rot-orange färbte. Nach einigen Minuten fuhr Raphael fort: »Ich möchte wissen, was mich aus dem ewigen Chillmodus herausbringt, wie ich in Bewegung komme und meine verdammte Freude wiederfinde.«

»Das mit der Freude kenne ich auch«, antwortete Sebastian verständnisvoll und schnippte das kleine Bambusblatt in den Fluss. Dann schlug er vor: »Wie wäre es, wenn wir unsere Fragen gemeinsam beantworten?«

»Wie? Gemeinsam beantworten?«

»Na, vielleicht ergeben sich ja Antworten wie auf Bali für uns beide.«

»Ja, das wäre nice«, erwiderte Raphael mit etwas zögerndem Unterton. »Aber du hast schon recht, einen Versuch ist es wert!«

Die ruhende Kraft der Bewegung

Als Sebastian langsam neben dem auf einem großen Stamm Treibholz balancierenden Raphael herlief, fiel ihm eine jonglierende junge Frau am Flussufer auf. Auch Raphael entdeckte sie und betrachtete ihre Kunststücke genauer. Geschickt ließ sie fünf hellbraune, mit Sand gefüllte Stoffbälle durch die Luft fliegen und lächelte fröhlich dabei. Sie trug einen ärmellosen Hosenanzug, Flip-Flops und um den Hals eine schmale silberne Kette mit einem orientalisch aussehenden Amulett. Auf ihren freiliegenden Schultern waren rechts und links zwei buddhistisch aussehende geometrische Formen tätowiert, und ihre schwarzen Haare waren zu einem Zopf zusammengebunden.

»Richtig nice«, sagte Raphael sichtlich beeindruckt zu Sebastian.

Die junge Frau fing die Bälle gekonnt auf und antwortete blitzschnell mit einem entzückenden asiatischen Akzent: »Danke!«

»Wo kommst du her?«, fragte Raphael perplex und freudig überrascht, dass die junge Dame ihre Sprache sprach.

»Ich bin hier geboren. Mein Onkel hat mir Deutsch beigebracht. Er fährt Touristen mit dem Boot durch Thailand, Burma und Laos. Ich bin Luna«, antwortete die hübsche, junge Frau lächelnd.

»Das klingt ja fresh. Ich bin Raphie, und das hier ist Sebastian.«

»Wie lange bleibt ihr?«

»Nun, wir kommen gerade aus Bali und suchen Antworten auf unserer Reise«, antwortete Raphael langsam. Er hatte schon wieder das Gefühl, dass seine Antwort ein klein wenig zu esoterisch und irgendwie peinlich klang.

»Bali? Wie schön!«, rief Luna sichtlich erfreut mit hoher Stimme und ergänzte: »Meine kleine Schwester Luh lebt auf Bali, in Ubud.«

»Nicht dein Ernst!«, rief Raphael überrascht aus, während er direkt den ebenso erstaunten und fast etwas blass wirkenden Sebastian anstarrte. Das konnte doch nicht sein. Standen sie wirklich vor der Schwester des Mädchens, das sie hierhergeschickt hatte? Ein unglaublicher Zufall. Beide spürten zeitgleich das bekannte Kribbeln in ihrem Bauch und ein aufregendes, wärmendes Vibrieren in ihrer Herzregion.

»Denk an unseren Deal, Raphie. Jetzt musst du schon eine Frage stellen!«, sagte Sebastian. Raphael nickte sichtlich verlegen und atmete tief ein.

»Okay!« Er atmete ein weiteres Mal ein und wieder aus, bevor er fortfuhr: »Luna, darf ich dir eine etwas verrückte Frage stellen?«

»Oh, gern. Ich liebe Fragen«, eröffnete Luna den Raum für Raphael.

»Kannst ... kannst du mir sagen, wie ich in Bewegung komme?«, stotterte Raphael verunsichert und sichtlich nervös. »Also ... ähm, ich meine …« Er seufzte verlegen, als ob ihm die Worte körperliche Schmerzen bereiten würden. »Ich meine nicht nur Bewegung wie beim Sport. Ich meine, wie ich in meinem gesamten Leben wieder in Bewegung komme. Alles fühlt sich nach Stillstand an, und ich möchte mich wieder lebendig wie ein Kind fühlen«, erklärte Raphael mit leicht gerötetem Kopf. Er konnte nicht glauben, was er da gerade tat. Schließlich kannte er diese junge Frau nicht mal wirklich. Sicherlich hielt sie ihn für einen Freak. Doch Luna schien nicht abgeschreckt zu sein. Ganz im Gegenteil. Sie lächelte ihn sanft an, und es wirkte fast, als ob sie auf diese Frage gewartet hätte.

»Blicke auf den Fluss. Er fließt immer. Das ganze Universum ist wie dieser Strom. Auch du. Erkenne dich und das Leben als ständigen Fluss und ewige Welle. Kennst du das Prinzip der Schwingung?«, fragte Luna neugierig, während sie Raphael ganz wach und klar in die Augen sah.

»Nein, noch nie gehört«, erwiderte dieser verlegen.

»Hier, auf Laos wissen wir, dass nichts in Ruhe ist. Alles schwingt. Nicht nur der Fluss und die Luft. Sondern alles. Deine Energie und deine Gedanken. Wir senden durch unsere Gedanken und Gefühle immer Schwingungen aus.

Alles schwingt zu jeder Zeit.
Willst du dich ändern, dann ändere deine Schwingung.

Ich glaube, ihr sagt dazu: Frequenz?«, fragte Luna nach. »Ja, das ist das Synonym«, bestätigte Sebastian gewohnt rational.

»Deine Frequenz ist der Schlüssel. Du ziehst immer an, was du bist. Doch dafür braucht es Mut!«

»Mut?«, warf Raphael fragend ein.

»Ja, großen Mut«, fuhr Luna fort. »Es braucht den Mut, seinen Blick vom Alten abzuwenden und neue Ufer zu sehen. Den Mut sich zu entscheiden. Den Mut, die alte Rolle zu verlassen und in das Unbekannte zu schreiten. Nicht nur, wie du denkst, ist wichtig, sondern auch, wie du schwingst. Willst du dich bewegen, dann werde zur Bewegung. Du kannst deine Schwingung immer verändern. Erfreue dich an der Sonne, am Blau des Himmels und am Lachen der Kinder. Tanze, lächle und singe. Fließe mit dem Fluss, und bedanke dich bei allen Wesen. So schwingst du höher. Ändere deinen Fokus, um deine Gedanken zu verändern. Dann wandelt sich deine Stimmung und damit auch deine Schwingung. So kommst du in Bewegung. Zorn schwingt anders als Liebe. Fühle die Liebe in allen Dingen, denke in Liebe, und du ziehst Liebe in dein Leben. Weil alles schwingt und alles in dieser Bewegung fließt, kannst du auch alles verändern. Du kannst jede Situation wandeln, indem du deine Frequenz veränderst.«

Alles beginnt mit dir

»Das ergibt absolut Sinn«, dachte Raphael voller kindlicher Begeisterung, als er einige Stunden später in seiner kleinen Bambushütte auf der Strohmatte lag und seine Lebenssituation betrachtete. Sein Problem war, dass er ständig an seine Süchte, seine Probleme und seine Zweifel dachte. Seine Gedanken und seine begrenzende Identifikation als »Problemkind« hatten ihn immer wieder in die Frequenz eines passiven Opfers befördert. Wenn er wach und klar war, wenn er den Fokus auf den Fluss richtete und den lachenden Kindern fröhlich und voller Dankbarkeit »*Sabaidii!*« zurief, dann schwang er anders. Wenn er zeichnete und malte und seiner Kreativität freien Lauf lies, dann schwang er hoch, dann lebte er plötzlich anders. Dann war das Leben leicht. Es begann also alles in ihm selbst, begann Raphael zu verstehen. Wenn er aufhören würde, sich als Verlierer zu sehen, wenn er sich ab jetzt auf das Bestärkende ausrichtete, würde er von allein in Bewegung kommen. Der Fluss würde ihn von selbst tragen!

In dieser Nacht schlief Raphael sehr wenig. Er betrachtete sein aktuelles Leben zum ersten Mal bewusst und achtsam. Noch wusste er zwar nicht genau, wie er seine Freude im Alltag ganz konkret finden sollte, doch ihm war klar, dass es bei ihm begann. »Mut. Es braucht Mut«, hatte Luna ihm gesagt. Mut hatte er schließlich schon jetzt bewiesen. Diese Reise anzutreten, Moune zum Wassertempel zu begleiten, um dem Mönch zu begegnen, dem Rat von Luh, dem Mädchen in Ubud zu folgen ... all das hatte viel Mut gekostet. Nicht zuletzt die große Reise nach Laos mit Sebastian bis hierher. Er war so mutig gewesen und fühlte auf einmal, dass sich schon jetzt etwas in seinem Inneren verändert hatte. Die Schwingung schien sich zu wandeln. Vielleicht traf er deshalb auf all diese Menschen in wundersamen Fügungen. Raphael beschloss, ab jetzt noch mutiger zu sein und den Zeichen gewissenhafter zu folgen. Mit einem zufriedenen Lächeln auf den Lippen schlief er schließlich ein. Am nächsten Morgen saß Sebastian mit einer Tasse Tee vor der kleinen Bambushütte und unterhielt sich mit Liam, dem australischen Backpacker, den sie bereits im Van auf dem Weg hierher kennengelernt hatten. Als Raphael aus der Hütte trat, wandte sich Sebastian ihm mit funkelnden Augen zu und wirkte plötzlich zehn Jahre jünger. Er richtete sich auf, und Raphael spürte sofort, dass sein Reisegefährte eine wichtige Mitteilung zu machen hatte.

»Raphie, stell dir vor ... «, begann Sebastian ganz aufgeregt. »Liam hat einen entfernten Cousin. Er heißt Noah und lebte zehn Jahre lang in Frankfurt am Main. Pass auf, er sagt, dass Noah vor einem guten Jahr für eine Bergtour nach Kathmandu reiste. Jetzt halt dich fest. Er hat eine große Lebenskrise hinter sich. Er fand kaum noch Sinn in seinem Alltag, kämpfte ständig gegen seinen inneren Kontrollzwang und war sehr unglücklich.«

»*He was looking for inner peace*«, bestätigte Liam nickend.

»Und er hat die Antwort gefunden. Jetzt lebt er seit einem Jahr bei einem Kloster in Lumbini und sei wie ein neuer Mensch. Liam sagt, dass diese Reise ihn komplett verändert habe«, ergänzte Sebastian sichtlich begeistert. »Doch jetzt kommt's. Wir könnten in zwei Wochen von Pakse aus über Myanmar fliegen und wären nach einem kurzen Zwischenstopp in Kathmandu. Liam fliegt dort selbst hin und kann uns alles zeigen«, schloss Sebastian voller Freude mit der Euphorie eines Kindes am Weihnachtsabend.

»Kathmandu«, wiederholte Raphael nachdenklich. »Sorry Jungs, ich steh gerade auf dem Schlauch. Wo liegt Kathmandu?«, fragte er verunsichert nach.

»Nepal«, antwortete Sebastian mit freudiger Stimme.

»Nepal«, flüsterte Raphael nickend. »Nepal also.«

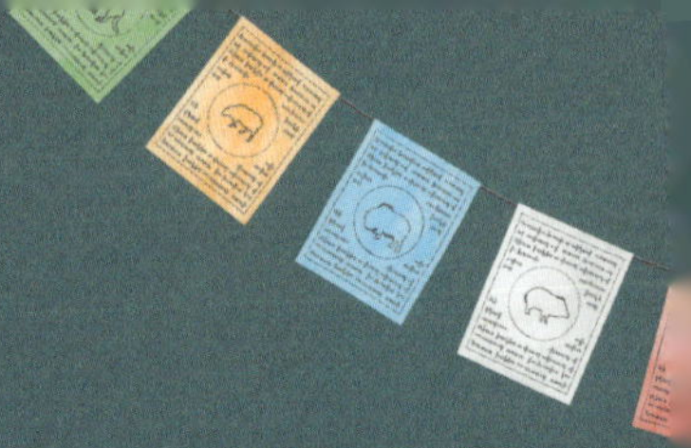

Nepal

Wie finde ich inneren Frieden?

Das Dach der Welt

Achtsam und sehr bewusst bewegte sie die goldenen Gebetsmühlen mit einer sanften Berührung ihrer Fingerspitzen, bis die Rolle eine Umdrehung vollendet hatte. Es duftete nach Räuchermischungen und Dal Bhat, dem klassischen Nationalgericht Nepals. Noch immer konnte sie nicht glauben, dass sie endlich am Ziel war. »Das sagenumwobene Dach der Welt«, dachte sie sich voller Dankbarkeit und betrachtete ehrfürchtig die in orangen Stoffen gekleideten buddhistischen Mönche an den umliegenden Gebetsmühlen. Sie beobachtete, wie die Pilger und die Gläubigen mit langsamen Schritten die Tempel umrundeten, die Gebetsmühlen drehten und dabei Gebete murmelten. In den goldenen Mühlen befanden sich auf Rollen geschriebene Gebete, und sie wusste, dass diese mit jeder Umdrehung als gesprochen galten. Sie kannte den Brauch aus ihren Büchern, und ihr Herz jubelte jedes Mal von Neuem, als sie das glänzende Stück Geschichte mit den eigenen Fingern berührte. Lächelnd betrachtete sie die Tempelanlage und bestaunte den Stupa, das buddhistische Bauwerk, das Buddha selbst und seine Lehre symbolisierte. Sie atmete tief ein, fasziniert von den aufgemalten Augen und den hinduistisch aussehenden Türmen, die das Bauwerk flankierten. Sie liebte die Atmosphäre von Swayambhunath, der atemberaubenden Tempelanlage, in der sie sich befand. Es sei einer der ältesten buddhistischen Tempel der Welt, hatte ihr der ältere Herr erklärt, der hinter ihr an der Garküche angestanden hatte. Nun war sie endlich da. Mitten im lebendigen, lauten Trubel, vermischt mit dieser heiligen Atmosphäre, im Westen von Kathmandu. Buddhistische und hinduistische Bauwerke waren hier eng verknüpft, und die Gläubigen verweilten gemeinsam in Frieden und Gelassenheit an diesem Ort. Am Fuß der Hügel entdeckte sie die legendäre Steinplatte mit den Fußabdrücken Buddhas. Von dort folgte sie langsam der Treppe mit ihren 365 Stufen und bewunderte die bunten, filigran verzierten Figuren an deren Rand. Immer wieder hörte sie das aufdringliche Gebrüll der kleinen Affen. Swayambhunath wurde auch Monkey Temple genannt, da hier sehr viele Affen lebten. Der Aufstieg zum verzierten Tempel war ziemlich steil und raubte ihr ein klein wenig den Atem. Obwohl sie durchtrainiert war, musste sie einige kurze Verschnaufpausen einlegen und dabei immer wieder über die vielen Affen auf dem Weg staunen. Langsam ging sie weiter. Die kleinen braunen Äffchen begleiteten alle Gäste bei ihrem Gang zur Stupa-Anlage. Als sie oben ankam, atmete sie tief ein und genoss den wundervollen Ausblick über das berühmte Kathmandutal. Sie blickte über die bunten Gebetsfahnen, die zu Hunderten an den von der Spitze des Tempels nach unten ragenden Seilen ihm Wind flatterten, und flüsterte leise: »Danke.« Wie in Trance setzte sie sich auf eine der Stufen und bestaunte die entfernten Gebirgsketten. Die umliegenden Berge erreichten Höhen von über zweitausend Metern. In ihrer Heimat wären es hohe Berge, doch dieses besondere Land der Götter, Mythen und Legenden hielt so viel mehr für sie bereit. Im Norden befanden sich die großen Achttausender, und unter ihnen war eine ganz besondere Attraktion. Der höchste Berg der Welt: der Mount Everest. Doch dafür war sie nicht hier. Sie stützte ihren Kopf sanft ab, ließ den Blick in Demut sinken und atmete langsam und bewusst aus. Plötzlich nahm sie eine bekannte Stimme vor sich wahr.

War das wirklich möglich?

Ein ungeplantes Wiedersehen

»Flora! Flora …!«, rief Raphael euphorisch und vollkommen außer sich, als er die letzten Stufen der gigantischen Tempelanlage erklomm und seine Schwester dort sitzend erblickte.

»Das gibt es doch nicht«, flüsterte sie ungläubig, während sich ein strahlendes Lächeln über ihr Gesicht legte.

»Raphie, mein lieber Raphie!« Flora sprang auf und umschloss ihren Bruder mit beiden Armen. Tränen der Freude liefen ihr zartes Gesicht hinunter. Auch Raphael musste sich eine Träne aus dem Gesicht wischen und versuchte, den gewohnt lässigen Auftritt vor Sebastian zu wahren, während er sich räusperte. Die beiden Reisenden gingen zwar schon deutlich offener mit ihren Gefühlen um, doch Raphael öffnete sich nur ganz allmählich. Sie waren vor sieben Tagen mit Liam angereist und hatten die Stadt erkundet. Ihr australischer Begleiter hatte sich direkt zu einer Wanderung auf dem Langtang-Trek nahe der tibetischen Grenze aufgemacht.

»Ich bin deinem Rat gefolgt, mein Schwesterherz«, erklärte Raphael, der sichtlich stolz auf seine Reise war. »Die Zeichen haben uns von Bali nach Laos geführt. Dort wurden wir von einem jungen Australier nach Kathmandu eingeladen. Nun sind wir seit einer Woche hier und wollen bald weiter zu seinem Cousin reisen. Er lebt in Lumbini ...«, ergänzte Raphael begeistert mit deutlich erhöhter Sprechgeschwindigkeit. So lebendig und leidenschaftlich hatte Flora ihren Bruder schon lange nicht mehr erlebt.

»Langsam, langsam, mein lieber Raphie«, unterbrach sie ihn lachend, während sie sich die letzten Tränen von den geröteten Wangen wischte. Noch immer konnte sie nicht glauben, dass ihr Bruder wirklich vor ihr stand. »Das klingt ja nach einer abenteuerlichen Reise«, fuhr sie fort, noch immer überwältigt von ihren Gefühlen über das unerwartete Wiedersehen.

»Ich bin übrigens Sebastian«, stellte sich Raphaels Reisegefährte verlegen und leicht verunsichert vor.

»Oh, sorry«, warf Raphael ein. »Mein Fehler. Wir haben uns in Ubud kennengelernt und sind uns so oft begegnet, dass wir kurzerhand beschlossen haben, gemeinsam zu reisen«, klärte Raphael seine Schwester lächelnd über ihre gemeinsamen Plane auf.

»Das sind ja wirklich zauberhafte Neuigkeiten«, antwortete Flora, während sie Sebastian strahlend die Hand entgegenstreckte. »Freut mich, Sebastian, ich bin Raphaels Schwester Flora und hier für ein Yogaretreat in Pokhara. Wollen wir einen Tee trinken, Jungs?«, fragte sie und hüpfte dabei vor Freude.

Eine halbe Stunde später saßen die drei mitten im Trubel eines belebten Platzes und bekamen von ihrem nepalesischen Kellner drei dunkelgraue, aus Stein gefertigte Tassen serviert. Raphael betrachtete in gewohnt skeptischer Manier den landestypischen Buttertee, ein Heißgetränk bestehend aus Tee, Yakbutter und Salz. »Nur Mut, mein lieber Raphie«, ermunterte Flora ihren jüngeren Bruder.

»Was ist das denn für eine fettige Brühe?«, fragte Raphael mit leicht angewidertem Gesichtsausdruck.

»Das ist Buttertee. Er ist in Tibet, in den Bergregionen Nepals, in Bhutan und im äußersten Norden Indiens sehr verbreitet und gilt in Tibet sogar als Nationalgetränk«, erklärte Sebastian sichtlich stolz auf sein im Flugzeug erworbenes Fachwissen.

»Wow, du bist ja ganz schön klug«, stellte Flora anerkennend fest.

»Ich lese einfach gerne Broschüren«, erwiderte Sebastian und fragte: »Wann startest du denn zu deinem Yogaretreat?«

»Morgen früh geht es los. Wir meditieren neun Tage lang am Phewa-See bei Pokhara. Er ist kristallklar und schimmert in einem tiefen Blau zwischen den Bergen. Wir praktizieren Yoga in einem kleinen Tempel auf einer Insel mitten im See, umringt von Gebirgsketten. Einfach traumhaft. Das wird sicher magisch, und ich kann es kaum erwarten«, antwortete Flora. »Und ihr?«, fuhr sie mit einem Augenzwinkern fort, während sie die graue Tasse mit dem Buttertee genüsslich hin und her schwenkte. »Ihr habt euch direkt den Geburtsort von Buddha persönlich ausgesucht. Oder sagtet ihr vorhin nicht, dass es nach Lumbini geht?«

»Ja, genau«, bestätigte Sebastian. »Morgen früh reisen wir mit dem Bus nach Lumbini. Dort soll Noah leben, der deutsch sprechende Verwandte von unserem australischen Freund Liam. Wir hoffen, dass er eine Antwort für uns bereithält.«

»Ihr gefallt mir wirklich, Jungs! Mit Sicherheit wird euch die Antwort, die ihr sucht, finden. Wenn nicht hier, wo denn bitte sonst?«, stellte Flora grinsend fest. »Nur eins noch«, ergänzte sie mit warnendem Unterton, »habt bitte Vertrauen, wenn ihr im Bus sitzt. Alles wird gut – das Leben behütet euch.«

»Was sie damit wohl meint?«, dachte sich Raphael, während er den letzten Schluck seines Buttertees alles andere als genussvoll zu sich nahm und seinen Blick über den bunten Platz im Herzen von Kathmandu schweifen ließ.

Die Reise nach Lumbini

»Wie weit ist es von Kathmandu nach Lumbini eigentlich?«, erkundigte sich Raphael bei Sebastian, als sie in den klapprigen, knallbunten Bus einstiegen. Die seitlichen Fenster wie auch die Windschutzscheibe des Gefährts waren mit goldenem Lametta verziert. Irgendwie erinnerte Raphael das bunte Design der klassisch nepalesischen Busse an eine Mischung aus einem kitschigen Weihnachtsbaum und einem farbenfrohen Karnevalswagen.

»Die Entfernung zwischen Kathmandu und Lumbini beträgt 203 Kilometer«, antwortete Sebastian.

»Chillig, das geht ja voll.«

»Die Fahrzeit beträgt elf Stunden«, ergänzte Sebastian trocken.

»Was? Das ist ja crazy!«, prustete Raphael erstaunt. Weshalb die Fahrt so lange dauern sollte, war ihm noch unklar. Die beiden waren die ersten Fahrgäste, doch mit jeder Minute, die verging, wurde das bunte Gefährt sardinendosengleich weiter mit Gästen bestückt. Als der traditionelle Bus schließlich wild hupend die Straßen Kathmandus durchquerte, ahnten Sebastian und Raphael allmählich, was auf sie zukam. Es hatte den Anschein, als ob es hier keine Straßenverkehrsordnung gäbe. Sie erspähten keine nennenswerten Verkehrszeichen, und dem ersten Eindruck nach schien das Gesetz des Größeren und Stärkeren zu gelten.

Als der Bus die Stadt verließ, erlebten Raphael und Sebastian eine nepalesische Berg- und Talfahrt, die sie das Fürchten lehrte. Beängstigend tiefe Schluchten klafften plötzlich direkt am ungesicherten Straßenrand, und im Abstand von einigen Kilometern entdeckten sie immer wieder verrostete, vollkommen demolierte Lkw- und Buswracks in den steinigen Hängen. Keine vertrauenerweckende Aussicht. Diese Mahnmale sollten den Fahrer des Busses und der entgegenkommenden, viel zu nah aneinander vorbeiziehenden Fahrzeuge eigentlich zur Vernunft bringen, doch ihr Fahrstil sprach eine andere Sprache. Nach einigen Stunden waren beide schweißnass und blickten sich gelegentlich mit weit aufgerissenen Augen an. Die einzigen Worte, die Raphael von sich gab, lauteten: »Fuck, Fuck, Fuuuck!«

Es schien Sebastian fast so, als würde der Bus bei jedem Ruckeln endgültig in die Tiefe stürzen, so nah am Abgrund schrammte das Gefährt mehr als einmal vorbei. Sebastian bemerkte bei genauerer Beobachtung, dass jeder Bus von einem tollkühnen jungen Mann, der an der Seite des Busses aus dem Wagen hing, begleitet wurde. Diese mutigen – oder vielleicht eher lebensmüden – Mitfahrer klopften immer wieder laut an die Buswand, sobald der Weg frei war oder sich Hindernisse anbahnten. Schnell durchschaute Sebastian das System: einmal klopfen – Weg frei, zweimal klopfen – Achtung von links, dreimal klopfen – Achtung von rechts. Die Tatsache, dass manchmal auch wild fünfmal geklopft wurde, beruhigte ihn nur bedingt. Während Raphael im Geiste fluchend an Floras Worte zum Thema Vertrauen dachte und sich, seinem Schicksal ergebend, nur noch auf den Mittelgang des Busses konzentrierte, um nicht in Panik zu verfallen, bestaunte Sebastian die Aussicht. Mal zeigten sich reißende Flüsse in Form von wilden Strömen und dann plötzlich idyllische Bergbäche. Häufig erkannte Sebastian die berühmten Gebetsfahnen an Passübergängen, Gipfeln oder den Wegpunkten. An den Ufern der eindrucksvollen Flüsse erhoben sich grüne Hügel, so weit das Auge reichte. Vereinzelt gaben die Bäume den Blick auf grau schimmernde Felsen frei, und Sebastian erspähte immer wieder riesige Wasserfälle. Von Kilometer zu Kilometer wurde die Landschaft flacher, bis sich irgendwann üppig grüne Flächen wie ein riesiger Teppich vor ihnen erstreckten. Nach knapp zwölf Stunden und dem Gefühl, mehrmals dem Tod von der Schippe gesprungen zu sein, erreichte der Bus endlich das ersehnte Ziel. Lumbini. Die Stadt nahe der indischen Grenze war nach mündlicher Überlieferung der Geburtsort von Siddhartha Gautama, dem historischen Buddha und Begründer des Buddhismus. Sie war ein Wallfahrtsort und sogar in das UNESCO-Weltkulturerbe aufgenommen worden, recherchierte Sebastian in seinem Reisführer. Am nächsten Morgen gab Raphael in seiner gewohnt direkten Art seinen ganz persönlichen Eindruck dieses ehrwürdigen Ortes wieder: »Hier ist es heiß, schmutzig und hässlich!« Sebastian musste über diese klaren Worte lachen, woraufhin Raphael nüchtern ergänzte: »Klar, Buddhas Geburtsort und so! Ist krass, okay! Aber so wirklich schön ist es hier nicht. Wären wir lieber mal mit Flora zu ihrem heiligen See mitgefahren.«

Sebastian findet seine Antwort

Es dauerte nicht einmal drei Stunden, und schon betraten Sebastian und Raphael das gesuchte Hostel, in dem Noah, der Cousin von ihrem australischem Freund Liam, arbeitete. Fröhlich pfeifend war er gerade mit dem Abwasch beschäftigt und blickte interessiert in Sebastians Augen, während dieser von der jungen Praktikantin in die Küche geführt wurde.

»Hi, ich bin Sebastian«, eröffnete er nervös das Gespräch.

»Freut mich, mein Name ist Noah. Was kann ich für dich tun?«, antwortete Noah in dem sympathisch klingenden australischen Akzent, den Sebastian schon von Liam kannte.

»Nun, ähm … dein Cousin Liam hat mir von dir erzählt und …«, stotterte er verlegen.

»Oh, Liam! Wie geht es ihm? Reist er noch immer durch die Welt?«

»Ja, er reiste mit uns von Laos nach Kathmandu und wandert

gerade auf dem Langtang-Trek an der tibetischen Grenze. In wenigen Tagen wird er dich bestimmt besuchen.«

»Oh, nice«, antwortete Noah freudig und sichtlich überrascht. »Doch was führt dich zu mir, *mate?*«

»Also ...«, fuhr Sebastian mutig fort, »bevor ich mich auf diese Reise gemacht habe, fühlte sich mein Leben ziemlich sinnlos und leer an. Ich war immer im Konflikt mit mir selbst, wollte alles kontrollieren und konnte nicht loslassen. Es war wie ein ständiger Kampf. Liam sagte mir, dass es dir ähnlich gegangen sei und du Frieden gefunden habest.«

»Oh, *yes*«, antwortete Noah zustimmend und mitfühlend. »Ich kenne das gut. Mir hat ein buddhistischer Mönch im großen Kloster auf der Bergspitze dort drüben die Antwort gegeben. Er heißt Arjun, und wenn du möchtest, führe ich dich zu ihm und übersetze für dich. Mittlerweile spreche ich seine Sprache ganz gut«, lud Noah den aufgeregten Sebastian mit ruhiger Stimme ein.

»Das ... das wäre wundervoll. Danke. Danke dir von Herzen«, erwiderte Sebastian mit großer Vorfreude.

In der darauffolgenden Nacht, kurz bevor die Sonne aufging, machten sich Sebastian, Noah und der sichtlich übermüdete Raphael auf zum Kloster. Dort lebten etwa 150 Mönche aus Nepal, Bhutan und Tibet. Ihr Tagesablauf war genau festgelegt und strukturiert. Zweimal am Tag wurde in der großen Halle gebetet, und in den dazwischenliegenden Stunden beschäftigten sich die Mönche mit der Lehre ihrer Schriften oder verweilten in stiller Meditation.

Als die ersten Mönche um kurz vor sechs Uhr morgens die große Halle betraten, erreichten Noah, Sebastian und Raphael gerade das Kloster. Wortlos beobachteten sie, wie sich die Halle langsam füllte. Kaum einer sprach, es war andächtig still, und nur die leisen Schritte der Mönche waren zu hören. Das Chanten, also das wiederholende Singen von Mantren, eines Mönchs wechselte sich mit Sprechgesängen und Trommeln aller anderen Mönche ab. Die Akustik füllte die gesamte Halle, und die Stimmung war auf faszinierende Weise beeindruckend. Die gesamte Szenerie wirkte ehrfurchtgebietend auf die drei stillen Beobachter. Als das Morgengebet nach einer Stunde beendet war, verließen die Mönche genauso leise und andächtig die Halle, wie sie gekommen waren. Einer der Mönche blickte aufmerksam zu Noah hinüber und lächelte liebevoll. Auf Sebastian wirkte sein Lächeln wie eine sanfte Umarmung, und er fühlte sich in seiner Anwesenheit sofort wohl. »*Śubha dina, namasté*«, sagte der eindrucksvolle alte Mönch und verbeugte sich langsam vor den dreien. »Ach, wenn Flora das gerade erleben könnte«, dachte Raphael und musste zwangsläufig lächeln. Der Mönch blickte Sebastian an und sagte: »*Ma Arjuna hum̊.*« Noah übersetzte die Worte mit »Ich bin Arjun«, und beide unterhielten sich daraufhin in einer Sprache, der Sebastian und Raphael in keiner Weise mehr folgen konnten. Nach einigen Minuten schritten die vier in Richtung eines kleinen Gartens am Rande des Klosters. Noah blickte lächelnd zu Sebastian und sagte: »Arjun möchte dir gern deine Frage beantworten und freut sich, dass du den langen Weg auf dich genommen hast.« Sebastian verbeugte sich nochmals und fragte sich dabei, ob dies nicht zu gekünstelt wirkte. Schließlich sagte er zu Noah, während er seinen Blick auf Arjun gerichtet hielt: »Ich bin auf der Suche nach meinem inneren Frieden. Alles in meinem Leben fühlt sich sinnlos an, und ich habe ständig das Gefühl, mit mir selbst zu ringen. So gerne würde ich den Kampf beenden und meinen Hang zum Kontrollieren loslassen. Doch wie gelingt mir das?«

Nachdem Noah mit ruhiger Stimme jedes Wort übersetzt hatte, nickte Arjun verständnisvoll und blickte Sebastian voller Güte direkt in die Augen. Während er Nepalesisch sprach, fühlte sich Sebastian auf eine ungewohnte Art geborgen und aufgefangen. Obwohl er kein Wort verstand, fühlte es sich an, als ob die Essenz des Gesagten auch so zu ihm durchdrang. Nach einer kurzen Pause übersetzte Noah in spürbar achtsam gewählten Worten, was Arjun eben gesagt hatte: »Möchtest du Frieden, dann sei Frieden. Jeder Gedanke erzeugt ein Energiefeld. Alles beeinflusst sich in einem ewigen, großen Resonanzfeld.

Möchtest du Sinn, dann sinke in dich selbst. Sinke tief in die Stille und still in die Tiefe. Suche nicht außen, sondern finde innen.

Lass es in dir selbst still werden. Betrachte deinen Geist wie einen tiefen See unter den treibenden Lotusblüten. Die Blüten dürfen an der Oberfläche schwimmen, doch dein Geist ruht sanft unter ihnen und wird still. So wirst du selbst friedvoll, und deine Welt wird Friedvolles reflektieren. Alles spiegelt sich im ewigen Feld der Resonanz. Gleiches zieht stets Gleiches an. Erkenne also, dass es keine Kontrolle gibt. So fließt du mit dem endlosen Fluss deines ruhigen Geistes. Beginne dabei ... «, Noah machte eine wirkungsvolle Pause, um das Folgende zu unterstreichen, » ... immer wieder bei dir selbst.« Sebastian nickte nachdenklich. Er begann, das Gesagte zu begreifen. Dennoch war ein Teil in ihm nach wie vor ratlos, und so fragte er ergänzend: »Aber wie? Wie meistere ich meine Krisen?« Nachdem Noah die Frage auf Nepalesisch gestellt hatte, antwortete der Mönch erneut langsam. Diesmal übersetzte er die Antwort simultan: »Es gibt viele Völker, die große Krisen überwanden und zu tiefem Frieden finden konnten. Eines davon ist das unsere. Nicht nur seine Heiligkeit, der Dalai Lama, wurde aus seiner Heimat vertrieben und lebt dennoch in Mitgefühl und Freude. Völker auf der ganzen Welt teilen jene Schicksale und hüten zugleich die Weisheit für den Schlüssel zum Glück. Auf der anderen Seite der Welt, mitten im Grün des Dschungels, lebt ein Volk, das die Antwort auf deine Frage kennt. Das Volk der Kogi, auch Kággaba genannt, lebt an den nordwestlichen Abhängen der Sierra Nevada de Santa Marta in den Tälern des Río Palomino. Reise dorthin, und deine Antwort auf diese Frage findet dich.«

»Die Sierra Nevada de Santa Marta«, wiederholte Sebastian flüsternd, als habe er soeben einen geheimen Zauberspruch anvertraut bekommen. »Wo liegt dieser Urwald?«

»In Kolumbien«, antwortete Noah leise, während er Arjun anlächelte.

»Kolumbien?«, wiederholte Sebastian fragend. »Kolumbien also«, bestätigte Raphael.

Kolumbien

Wie meistere ich meine Lebenskrise?

Aus Reisenden werden Gefährten

Im Flugzeug, auf dem Weg von Kathmandu nach Bogotá, unterhielten sich Raphael und Sebastian lange. Der Flug dauerte mit zwei Zwischenstopps insgesamt sechsunddreißig Stunden, die beiden Reisegefährten hatten also viel Zeit. Raphael schlug immer wieder sein Dankbarkeitstagebuch auf und notierte sich mit einem erfüllten Lächeln die schönsten Momente der Reise. Er befolgte damit Lunas Rat, die ihm in Laos erklärt hatte, dass er seine Schwingung durch Dankbarkeit verändern könne. Die beiden wiederholten auch gemeinsam nochmals die Prinzipien, die ihre Reise sie bisher gelehrt hatte.

Der Mönch im Tempel von Tabanan hatte ihnen offenbart, dass der Ursprung des Lebens geistiger Natur sei. Er hatte sie in das Gesetz der Schöpfung eingeweiht. Es war die tiefgreifende Erkenntnis, dass ihre Liebe und ihr Glück in ihnen selbst entstanden und durch den Geist erschaffen wurden. Sie erkannten, dass sie selbst Schöpfer waren, so wie die gesamte Welt voll von Schöpferinnen und Schöpfern war.

In Laos lernten sie, dass das gesamte Universum wie ein Fluss floss und alles schwang. Ihre eigenen Gedanken, ihre Gefühle und ihre Aufmerksamkeit konnten die Schwingung beeinflussen, da sie über eine eigene Frequenz verfügten. Sie war der Schlüssel, denn jeder zog das an, was er war. Um neue Pfade zu kreieren, brauchte man allerdings Mut, die alten Rollen zu verlassen und in das Unbekannte zu schreiten. Sie verstanden immer mehr, dass sie ihre eigene Schwingung stets verändern konnten, indem sie sich auf Dankbarkeit und Freude, Liebe und Harmonie fokussierten.

In Nepal erfuhren sie, dass sich alles gegenseitig in einem ewigen, großen Resonanzfeld beeinflusste. Sie erkannten nun allmählich, dass sie selbst der Frieden sein durften, um Frieden zu erschaffen, und begriffen langsam, dass sie tief in die Stille sinken und still in die Tiefe gleiten durften, um jenen Frieden zu etablieren und den Geist zu beruhigen. Sie machten sich nochmals klar, dass sich alles im ewigen Feld der Resonanz spiegelte und dass Gleiches stets Gleiches anzog.

Durch ihre tiefen, ehrlichen Gespräche webte sich fast unmerklich ein zartes Band zwischen ihnen. Während ihres ersten Zwischenstopps in Doha am Persischen Golf ermunterten sich die beiden gegenseitig, ihre Erkenntnisse in die Tat umzusetzen. Mittlerweile waren sie sich immer vertrauter geworden, und so gelang es auch Raphael ganz allmählich, seinen Schutzpanzer abzulegen und seine Gefühle preiszugeben.

»Weißt du«, eröffnete er das Gespräch mit Sebastian, »mein Leben lang sagte man mir, dass ich es mir nicht so leicht machen darf. Stän-

Ein Wunder für Raphael

Nach über dreißig Stunden Flugzeit landete der Flieger in Bogotá, der Hauptstadt Kolumbiens. Um der Hektik und dem Trubel der Großstadt zu entgehen, beschlossen die beiden, einen direkten Anschlussflug nach Cartagena, der berühmten Hafenstadt an der Karibikküste Kolumbiens, zu buchen.

Es dauerte insgesamt drei volle Tage, bis sich die beiden Freunde von den Strapazen der Flüge erholt und ihren Jetlag ausgeschlafen hatten. Sie schlenderten ausgelassen durch die lebendige, ummauerte Altstadt mit ihren großen Plätzen, Kopfsteinpflasterstraßen und bunten Kolonialgebäuden. Fliegende Obsthändler zogen mit voll beladenen Karren durch die Straßen und priesen lautstark mit spanischen Floskeln ihre Waren an. Salsaklänge wechselten sich mit wildem Hip-Hop und Dancehall-Beats aus den Gassen und Fenstern der vorbeifahrenden Autos ab. In dieser Stadt pulsierte das pure Leben. Raphael fühlte sich direkt wohl.

»*¡Hola, qué tal!*«, tönte es immer wieder aus den offenen Türen und den Straßen, über die sich die Bewohner der Stadt fröhlich begrüßten und zuwinkten.

»Was für ein lebensfrohes Volk«, stellte Sebastian erstaunt fest. Lediglich die vergitterten Fenster und Türen erinnerten ihn an die vielbesagte Kriminalitätsrate in diesem Land. Die beiden ließen sich treiben und erreichten das Künstler- und Studentenviertel Getsemani. Die Straßen waren bunt, die verträumten Gassen strotzten vor Vielfalt, und alles in diesem Viertel schien einzigartig. Die Häuserfronten waren hier noch farbenfroher, als Raphael es aus den Künstlervierteln in Deutschland kannte, und viele der Häuser waren mit eindrucksvollen Graffitis und inspirierter Streetart bemalt. In einer kleinen Seitenstraße wurden gerade einige Wände besprüht. Raphael war sofort hellauf begeistert.

»Wie fresh ist das denn bitte?«, stellte er euphorisch fest. »Die sprayen einfach so am helllichten Tag, ganz mein Gusto.«

In der Gasse hatten sich einige kolumbianische Maler und Künstlerinnen verschiedener Nationen versammelt und verzierten nun die umliegenden Häuser mit gigantischen Bildern. Auf einer Wand war ein überdimensionaler, detailreich ausgeschmückter Kolibri in der Entstehung begriffen. Gegenüber sprühte ein älterer Künstler ein ganzes indigenes Dorf, bestehend aus beigen Strohhütten, Dschungellandschaften und filigran gemalten, fast fotorealistisch dargestellten Ureinwohnern. Raphael war tief beeindruckt. Zwischen den Landschaften, Porträts und Tieren waren gigantische Schriftzüge in allen möglichen Farben und dreidimensionalen Elementen zu sehen. Raphael studierte die Tags, die Unterschriften der Graffitikünstler, holte sein Blackbook hervor und notierte sich begeistert einige der Namen. Er liebte Kolumbien bereits jetzt über alles!

Während seine ganze Aufmerksamkeit einige Minuten später darauf gerichtet war, die Sprühtechnik einer Künstlerin zu beobachten, hörte er plötzlich hinter sich einige junge Männer auf Englisch mit spanischem Akzent rufen: »*What the fuck! Estupendo! Look at this.*« Raphael drehte sich um und bemerkte, dass er sein Blackbook im Eifer der Aufregung abgelegt und auf der anderen Straßenseite vergessen hatte. Nun standen fünf kolumbianische und weitere internationale Sprayer um sein Buch versammelt und begutachteten seine Werke. Ihm wurde sofort heiß und kalt zugleich. Er schwitzte und dachte besorgt: »Verdammt, wie peinlich. Ob es ihnen gefällt? Ich bin doch nur ein …«

»*Fantástico! Incredible! Look at this style. Incomprensible! Unbelievable …* «, unterbrachen die sich vermischenden Stimmen der begeisterten Sprayer seinen sorgenvollen Gedankenfluss. Staunend und sichtlich beeindruckt blätterten sie, im Kreis um sein Buch stehend, durch das Blackbook und riefen immer wieder begeistert »Ooooh« auf, als sie eine neue Skizze entdeckten. Verlegen und dennoch stolz bewegte sich Raphael zu den jungen Männern und erklärte, dass sie sein persönliches Skizzenbuch in den Händen hielten.

»*You must be a great artist. Are you famous in your country?*«, fragte einer der Englisch sprechenden Graffitisprayer.

»*No* … ähm … *not really*«, antwortete Raphael verlegen.

»Solltest du aber …«, betonte eine tiefe Stimme mit spanischem Akzent hinter Raphael, der noch immer ganz nervös und verlegen von rechts nach links blickte. Hinter ihm stand der etwas ältere begnadete Künstler, der das fotorealistische Dorf mit den präzise dargestellten Ureinwohnern gesprüht hatte. Er trug eine weite dunkelgrüne Hose, ein lässiges, mit Sprühfarbe verschmiertes Tanktop und hatte seine schwarzen verfilzten Haare zu einem Zopf zusammengebunden. Langsam und mit lässigen Schritten kam er näher und sagte: »Hola, ich bin Alejandro. Ich spreche deine Sprache. Mein Onkel lebt in der Sierra Nevada und führt Touristen durch seine Kaffeeplantagen. Die Chicos und Chicas lieben deinen Style, *hombre.*« Er warf ebenfalls einen Blick in Raphaels Buch und ergänzte: »Du bist ein großer Künstler, weißt du das?«

Beeindruckt und zugleich verlegen antwortete Raphael: »Danke, Mann. Ich liebe das Malen. Dass ihr meinen Style so feiert, hätte ich nicht gedacht. Ich habe in den letzten Tagen schon überlegt, ob ich nicht damit Geld verdienen könnte.«

»Yeah, das kannst du nicht nur. Das musst du, Chico« bestätigte Alejandro ihn ernst, während er Raphael tief in die Augen blickte. »Nicht viele haben so ein Talent. *Dios te ha bendecido.* Gott hat dich gesegnet, und wenn Gott dir diesen Style schenkt, musst du den Segen annehmen.« Raphael bekam eine Gänsehaut. Er blickte auf das Bild von Alejandro und sagte: »Dein Bild ist richtig krass. Das Dorf sieht wie fotografiert aus. Was ist das für ein Volk?«

»Das Volk der Kogi, die Hüter der Erde«, antwortete Alejandro knapp.

»Unfassbar«, warf Sebastian ein. Er hatte der gesamten Unterhaltung aufmerksam und tief berührt gelauscht. »Genau dieses Volk suchen wir.«

»Ihr habt Glück, Chicos«, rief Alejandro lachend, während er die noch auf dem Boden stehenden Dosen langsam in seinen mit bunter Farbe beschmierten Leinenrucksack packte. »Ich fahre in zwei Tagen zu meinem Onkel Juan Pablo. Seine Farm mit der Kaffeeplantage liegt an den nördlichen Hängen der Sierra Nevada de Santa Marta. Von dort kommt ihr leicht zu den Tälern des Río Palomino. Juan Pablo kennt drei der Kogis. Soll ich euch mitnehmen? Auf der Ladefläche des Pick-ups ist noch Platz. *No hay problema.*« Raphael und Sebastian schauten sich staunend an und konnten ihren Ohren nicht trauen. Diese abermalige Fügung erschien ihnen unglaublich, obwohl sie doch bereits erfahren hatten, dass die Ereignisse auf ihrer Reise wie durch Synchronizität verknüpft waren. Beide nickten wortlos und starrten Alejandro mit leuchtenden Augen an.

»*Sí, gracias*«, antwortete Sebastian wie paralysiert.

Die Hüter der Erde

Zwei Tage später saßen die beiden auf der Ladefläche eines rostigen dunkelgrünen Pick-ups und genossen die vorbeiziehende Landschaft Kolumbiens. Sie bewunderten die grandiose, von tropischer Vegetation eingerahmte und mit Kokospalmen dekorierte Vielfalt des Landes. Einsame Strände wechselten sich mit dichtem Regenwald ab. Zwischen sanft geschwungenen Hügeln und üppig grünen Dschungelpfaden bestaunten sie die wilde Naturlandschaft mit ihren abgelegenen Flusstälern, bis sie die sagenumwobene Bergkette nördlich der Anden, die Sierra Nevada de Santa Marta, erreichten.

»Wir sind da, Chicos«, rief ihr neuer Freund Alejandro sechs Stunden später fröhlich nach hinten, während er den Motor abstellte. Sebastian und Raphael waren zwar erschöpft von der langen Fahrt, doch gleichermaßen beflügelt von den Eindrücken des Landes.

Alejandros Onkel begrüßte sie mit gewohnt kolumbianischer Gastfreundschaft mit offenen Armen.

»*¡Hola, qué tal,* Chicos! Ich bin Juan Pablo. *Bienvenidos!* Schön, dass ihr da seid«, rief er Sebastian und Raphael lächelnd zu, während er das Gepäck der beiden von der Ladefläche hob und anschließend seinen Neffen liebevoll umarmte.

»*Tío,* die beiden möchten zu den Kogi. Kannst du sie führen?«, fragte Alejandro seinen Onkel ganz offen.

»Ich kann es gern versuchen.«

Während die vier einige Stunden später auf der Veranda der Farm saßen und die sternenklare Nacht genossen, stellte Sebastian wieder einmal fest, wie auffallend hilfsbereit und gastfreundlich diese Menschen waren. Sie schienen viel weniger zu besitzen als seine ehemaligen Kollegen in Frankfurt und waren dennoch herzlich, hingebungsvoll und freundlich.

»Wo leben die Kogi denn genau?«, wollte Sebastian wissen.

Juan Pablo antwortete flüsternd: »Sie leben dort, wo keine Straße hinführt, wo sich Wellen aus Sand und Wasser berühren und die Götter über grünen Küsten thronen. Dort wirken die Hüter der Erde und bewahren die Schätze Kolumbiens.«

Raphael lauschte währenddessen fasziniert den Geräuschen des vor ihm liegenden Dschungels, der in den schwarzen Mantel der Nacht gehüllt war. Mit dem Zirpen, den fauchenden Zwischentönen, dem Brummen und dem Flattern in der undurchdringlichen Dunkelheit entwickelte sich nach und nach eine Art meditativer Geräuschkulisse, die ihn und Sebastian ein wenig später sanft in den Schlaf wog.

Früh morgens wurden sie von Juan Pablo geweckt und brachen umgehend auf. Zu Fuß führte sie der Weg direkt in den Dschungel. Als die ersten Sonnenstrahlen auf den nebeldurchzogenen Urwald fielen, wurden Sebastian und Raphael vom lebendigen Schauspiel der Natur überwältigt. Neugierige Schmetterlinge, Ameisen von der Größe eines kleinen Fingers, rufende Aras und sirrende Kolibris gepaart mit dem herrlichen Duft exotischer Blüten erzeugten eine unwirkliche und zugleich idyllisch anmutende Atmosphäre. Umgeben von im Tau glänzenden, strahlend bunt blühenden Pflanzen im immergrünen Dschungeldickicht lauschten sie dem Zirpen und den erstaunlich lauten Rufen der Brüllaffen in den Wipfeln der gigantischen Bäume. Sie verließen schon bald die ausgetretenen Wege und begannen eine abenteuerliche Wanderung durch den tropischen Regenwald. Sie liefen langsam an den Ufern reißender Flüsse entlang und durchquerten auf kleinen Trampelpfaden grüne Hügel unter imposanten Baumriesen. Das Klettern in den immer steiler werdenden Hängen war zwar eine körperliche Herausforderung für die beiden, doch sie genossen jeden Moment der Route, die sie durch den feuchten Dschungel immer weiter bergauf führte. Plötzlich blieb Juan Pablo stehen, und sie erkannten durch das Dickicht die typischen Kegeldachhütten, aus denen die berühmten Kogi-Dörfer bestanden.

Als sie die Siedlung betraten und Juan Pablo die Ältesten besuchte, versteckten sich manche der Frauen und Kinder, während die Männer die fremden Besucher zunächst sehr streng anschauten. Raphael und Sebastian trauten sich kaum einen weiteren Schritt zu gehen und blieben wie angewurzelt stehen. Nach einigen Minuten kehrte Juan Pablo zurück und erklärte klar und bestimmt: »Die Heimat dieses

Volkes, das Gebirge der Sierra Nevada de Santa Marta, ist nicht nur das höchste Küstengebirge der Erde. Es hat auch die Form eines Herzens und stellt für die Kogi tatsächlich das Herz der Erde dar. Wenn das Herz stirbt, stirbt die Erde, so sagen die Kogi. Als Hüter der Erde ist es ihre Aufgabe, diese stets zu beschützen und vor dem Eindringen jeglicher Feinde zu bewahren. Deshalb blicken sie oft sehr ernst auf Fremde. Ihre Rituale und Gebete verrichten die Kogi an heiligen Plätzen in der Natur. Für sie ist der Dschungel mit all seinen Lebewesen ein Teil ihrer Körper. So hüten sie die Quellen, die Felsen, die Bergseen, die Tiere, die Flussmündungen und die Pflanzen. Im wahrsten Sinne des Wortes sind es für sie Körperteile. Nun versteht ihr sicher, warum es für die Kogi elementar ist, all das zu schützen. Einer der Ältesten ist bereit, mit euch zu sprechen. Folgt mir.«

Andächtig und mit höchst respektvollem Gesichtsausdruck begleiteten Raphael und Sebastian ihren Guide Juan Pablo zu einer der größeren Hütten und saßen wenig später im Kreis vor dem Stammesältesten. Er war in weißen Leinenstoff gehüllt, blickte ihnen fast regungslos in die Augen und nickte Juan Pablo langsam zu. Dieser begann in einer für die beiden unbekannten Sprache mit ihm zu kommunizieren und sagte schließlich zu Sebastian: »Das ist einer der spirituellen Führer der Kogi. Seine Bezeichnung, Mamos, leitet sich aus dem Wort für Sonne in ihrer Sprache ab. Alle Kogi dienen dem einen göttlichen Wesen, nämlich der Welt. Sie haben die Wechselwirkungen in unserer Natur verstanden und bewahren diese. Du kannst ihm jetzt die Frage stellen, für die du hier bist.«

Sebastian spürte sein Herz in jeder Faser seines Körpers klopfen und versuchte dennoch, möglichst klar und ruhig zu sprechen.

»Danke«, begann er, »ich möchte gern wissen, wie ich es schaffe, meine Krise zu meistern. Wie erreiche ich es nur, meinem Leben Sinn zu verleihen und mich selbst wiederzufinden? Ich möchte wissen, wie ich diesen ewigen inneren Kampf beenden kann.«

»Deine Krise ...«, hob der Mamos zu sprechen an, während Juan Pablo das Gesagte fast zeitgleich übersetzte, »... ist die Krise der Welt. Die Welt kommt ursprünglich aus der Einheit. Jede Seele, auch deine, kennt den Zustand der Vollkommenheit. Mit unserem Bewusstsein auf dem Planten können wir das Leben auf der Erde nur innerhalb von Gegensätzen erfahren. Doch die Welt ist aus der Balance geraten, genau wie du. Jede Erscheinung auf dieser Welt hat zwei Seiten. Alles besteht aus Polen und Gegenpolen. Das Prinzip dieser Polarität besagt, dass nichts hell sein kann, wenn es keine Dunkelheit gibt. Wir Kogi hüten die Erde und sorgen für das Gleichgewicht auf allen geistigen und materiellen Ebenen. Dieses Gleichgewicht musst du in dir wiederfinden.

Alles Positive kann nur existieren, weil es auch Negatives gibt. Polarität erzeugt Vielfalt. Die Seele möchte Entwicklung und will sich selbst in allen Aspekten erfahren.

Die geistigen Gesetze sorgen für Ausgleich und Balance. Ignorierst du deinen Schatten, dann kann diese Ignoranz Unheil heraufbeschwören. So kann sich alles, was du erschaffen möchtest, in das Gegenteil verwandeln. Wir achten darauf, das empfindliche Gleichgewicht im Geben und Nehmen mit der Natur nicht zu stören. Diese Balance ist in uns allen zu finden und muss bewahrt werden. Bewahre auch du sie.«

»Aber wie kann ich denn trotz all der Polaritäten in unserer Welt meine Einheit erfahren?« fragte Sebastian nach.

»Indem du erkennst, dass hinter allen gegensätzlichen Polen die gleiche Kraft wirkt. Es ist stets dieselbe Energie, die sich in unterschiedlichen Formen ausdrückt. Alle scheinbaren Widersprüche können in Einklang gebracht werden. Du musst deinen Schatten integrieren. Folge dem, was du wirklich willst, egal was deine Angst dir sagt. Nimm deine Wut an und integriere sie. Betrachte das, was du ablehnst, und beziehe es ein«, erklärte der Stammesälteste in einem auf Sebastian meditativ wirkenden Zustand. Noch lange saß Sebastian im Steinkreis der Hütte und dachte über das Gesagte nach. Wenn er seine Abneigung vor Spirituellem verwandeln, seine Wut offen betrachten und annehmen, wenn er seine Angst an die Hand nehmen und integrieren würde, anstatt sie immer nur kontrollieren oder vermeiden zu wollen, dann könnte er Balance mit seinen Schattenseiten herstellen.

Plötzlich betrat einer der Kogi die Hütte und sprach mit Juan Pablo. Nach einigen Minuten sagte er zu Sebastian, dass die Stammesältesten eine Botschaft für ihn hätten. Langsam und klar übersetzte Juan Pablo: »Eure Reise ist noch nicht am Ende. Bedenkt eines bei jedem Schritt: Das Leben wird euch führen! Vertraut darauf. Ein Volk von Schamanen in einem abgelegenen Gebiet im Gebirge eines fernen Landes wird euch weiterführen. Ihre raue Umwelt hat ihre Kultur, wie die unsere, jahrhundertelang vor fremden Übergriffen beschützt. Ihre Lebensweise entspricht dem angeborenen Bedürfnis, in Harmonie und Balance mit der gesamten Schöpfung zu leben. Es ist der Stamm der Huichol, und sie gehören zu einer der bemerkenswertesten alten Kulturen unserer Welt.«

»Wo finden wir diesen Stamm?«, wollte Sebastian wissen.

»Sierra Madre Occidental«, antwortete der Kogi leise.

»Wo liegt das?«, fragte Sebastian.

»Mexiko«, flüsterte Juan Pablo.

»Mexiko also«, bestätigte Raphael lächelnd.

»Mexiko«, wiederholte Sebastian.

Mexiko

Was gibt mir Kraft?

Keine Angst

»In vielen Regionen Mexikos kommt es zu bewaffneten Konflikten. Bei Auseinandersetzungen zwischen rivalisierenden Banden der organisierten Kriminalität werden Gegner brutal ermordet, auf Unbeteiligte wird keine Rücksicht genommen. Insoweit bieten auch öffentliche und gut besuchte Orte nicht immer Sicherheit«, las Raphael langsam und leicht schmunzelnd die Informationen des Auswärtigen Amtes vor, während sich das Flugzeug bereits im Sinkflug befand. Sebastian öffnete langsam die Augen und blickte sowohl skeptisch als auch leicht verunsichert zu seinem Reisegefährten hinüber. Er hatte sich doch extra bereits vor dem Abflug ganz bewusst vorgenommen, keine Recherchearbeit zu betreiben, um sein altbekanntes Muster der Kontrolle endlich zu transformieren. Den sichtlich amüsierten Raphael interessierte dies relativ wenig. Er blickte in sein Handy und fuhr grinsend fort: »Seien Sie bei Überlandfahrten generell besonders vorsichtig. Die kritische Sicherheitslage in Mexiko dauert unvermindert an. Steigen sie niemals in fremde Fahrzeuge. Gewaltdelikte sind an der Tagesordnung. Sie finden zunehmend an zentralen Orten und am helllichten Tag statt.«

»Ich integriere meine Angst, ich integriere meine Angst, ich integriere meine Angst«, wiederholte Sebastian mantraartig in Gedanken, während er an die Worte des Kogi dachte. Gleichzeitig las Raphael amüsiert weiter: »Häufigste Verbrechen sind Diebstähle, Raubüberfälle und Express-Entführungen. Polizeikräfte oder uniformiertes Sicherheitspersonal beziehungsweise Kriminelle, die sich als solche ausgeben, können grundsätzlich an Straftaten beteiligt sein.«

»Express-Entführungen«, wiederholte Raphael mit hochgezogenen Augenbrauen, während er frech zu seinem Freund blickte. »Geht dann wenigstens flott.«

Sebastian war überhaupt nicht nach Lachen zumute. Er nahm seinen Herzschlag mit jedem Wort zunehmend stärker als dumpfes Wummern in seiner Brust wahr. Seine Hände wurden feucht. Raphael ergänzte mit künstlich verwundert wirkendem Unterton: »Reisen in Mexiko bergen die Gefahr, in die Hände der organisierten Kriminalität oder aber in teils schwere bewaffnete Auseinandersetzungen von Kartellen und Banden zu geraten. Schusswaffen sind weit verbreitet, ihr Einsatz erfolgt oft hemmungslos. Als besonders gefährlich gilt: Mexico City ...«

»Sehr geehrte Passagiere, wir befinden uns im Anflug auf Mexico City«, unterbrach ihn die Stimme des Piloten. »*Cabin crew, prepare for landing!*«

Sebastian war schweißgebadet. Raphael lächelte ihn mitfühlend an und flüsterte mit ruhiger Stimme: »Wir werden geführt, sagte der Stammesälteste in Kolumbien. Die Kogi schicken uns sicherlich nicht zu einem mexikanischen Drogenkartell.«

»Ich liebe deine beruhigenden Gedanken«, antwortete Sebastian trocken, während die Reifen des Fliegers den Boden berührten und das bereits vertraute Ruckeln der Landung die beiden in ihrem neuen Abenteuer begrüßte.

»*Bienvenido a México*«, sagte eine freundlich klingende Stimme hinter ihnen. Raphael und Sebastian drehten sich um und blickten in die funkelnden Augen eines braun gebrannten, leicht übergewichtigen Mannes. Er war Ende vierzig, trug einen abgewetzten Strohhut, ein blau-weiß kariertes, hochgekrempeltes Holzfällerhemd und eine deutlich in die Jahre gekommene verwaschene Jeans. Durch sein einladendes Lächeln schimmerte seitlich ein goldener Schneidezahn. »Ich bin Fernando«, stellte sich der freundliche Fremde mit spanischem Akzent vor. »Habt keine Angst vor Mexiko, alle Menschen sprechen eine Sprache. *El lenguaje del corazón*. Die Sprache des Herzens.«

Die Sprache des Herzens

Während die drei in der Schlange vor dem Gepäckband standen und auf ihre Rucksäcke warteten, erklärte Fernando ihnen, dass seine Frau als Übersetzerin arbeite und ihn einige Sprachen gelehrt habe. Er berichtete mit strahlenden Augen von der vielfältigen Kultur seines Landes. Von beeindruckenden Festen wie dem berühmten Tag der Toten über die faszinierende Geschichte der Maya und Inka bis zu den mystischen Praktiken der alten Schamanen.

»Die Welt weiß fast nichts von der Kraft des Geistes, der heiligen Pflanzen und der alten Tänze«, erklärte Fernando mit belehrender und doch liebenswerter Stimme, während er seinen abgewetzten braunen Koffer vom Gepäckband hob. Der Koffer wirkte fast so, als wäre er fünfzig Jahre alt. Fernando lächelte und ergänzte: »Hier in Mexiko wird die gesamte Schöpfung geehrt, besonders der Geist der Natur –

die Kraft der Tiere, der Steine und der Pflanzen. Der Vater meiner Frau gehört zur alten indigenen Huichol-Kultur. Die Huichol sagen, dass alle Menschen aus den vier Elementen erschaffen sind. Wir alle bestehen aus Wasser, Feuer, Luft und Erde. Aus diesem Grund ist jeder von uns ein Kosmos. Wir alle sind ein eigenes Universum und ein lebender Spiegel der natürlichen und der geistigen Welt. Das gesamte Wissen und die Geheimnisse dieser Welten tragen wir alle in uns.«

Raphael konnte seinen Ohren nicht trauen. Führte sie die erste Begegnung in diesem scheinbar so gefährlichen Land nun direkt zu den alten Schamanen und dem Stamm der Huichol? Dass das Universum sie tatsächlich führte, konnte er mittlerweile annehmen, doch das Auftreten der Fügungen schien immer mehr Fahrt aufzunehmen. Wie es aussah, teilte Sebastian seinen Gedanken. Er wirkte ergriffen und starrte Fernando mit glasigen Augen an.

»Fernando«, ergriff Raphael mutig das Wort, »wir beide sind auf der Suche nach dem Stamm der Huichol. Eigentlich sind wir exakt aus diesem Grund in Mexiko.«

»*Perfecto*«, rief Fernando laut durch die Halle, sodass sich die umstehenden Passagiere am Gepäckband irritiert zu ihnen umdrehten. »Seid meine Gäste«, lud er die beiden, ohne auch nur eine Sekunde zu zögern, ein. »Ich lebe in Guadalajara. Das liegt bei den Bergen der Sierra Madre. Meine Frau macht die besten Fajitas in Mexiko. *Están invitados, mis amigos.* Ihr seid eingeladen, meine Freunde. In Mexiko lieben wir Gäste. Fremde sind nur unbekannte Freunde.«

»Danke, danke schön«, antwortete Sebastian leicht stotternd und noch etwas ungläubig, während Raphael die beiden großen Rucksäcke vom Gepäckband auf den klapprigen Rollwagen hob.

»So viel zu einem der gefährlichsten Länder der Welt«, sagte Raphael grinsend zu Sebastian und klopfte Fernando liebevoll auf die Schulter. Beide konnten ihr Glück noch nicht ganz fassen und mussten zwangsläufig an die Worte des Ältesten der Kogi denken. »Das Leben wird euch führen« waren seine Worte gewesen.

»*Gracias, mi amigo*«, rief Raphael ihrem neu gewonnenen Freund lachend zu, während er seinen Arm um dessen Schulter legte und die drei Reisenden langsam Richtung Ausgang des Flughafengebäudes schlenderten.

»*De nada*«, antwortete Fernando lächelnd.

Das Leben wird euch führen

Raphael konnte einfach nicht anders. Kurz nachdem sie ihr Gepäck auf der Ladefläche verstaut und es sich auf der Rückbank von Fernandos altem Wagen bequem gemacht hatten, zückte er nochmals sein Smartphone und zitierte langsam und eindrücklich: »Steigen Sie niemals in fremde Fahrzeuge. Gewaltdelikte sind in Mexiko an der Tagesordnung.«

Sebastian musste schmunzeln. Er war wieder ganz bei sich und konnte die ausnehmende Freundlichkeit von Fernando noch immer nicht fassen. Dieser erklärte ihnen während der Fahrt, dass Gastfreundschaft eine tragende Säule der mexikanischen Kultur sei. Auch wenn die Menschen sehr wenig besäßen und häufig in Armut lebten, so teilten sie doch liebend gern, was sie hätten, und lüden Reisende und Fremde voller Freude ein. »Davon stand nichts auf der Homepage des Auswärtigen Amtes«, dachte sich Raphael und erkannte, dass die Polarität wieder einmal in allen Dingen zu finden war. Raphael und Sebastian genossen die Fahrt mit Fernando sehr. Mit dem Blick auf hügelige Bergketten und weit entfernt liegende Vulkane ging es vorbei an baufälligen alten Holzhäusern, die wie aus einer Filmkulisse wirkten. Fröhliche Kinder spielten am Straßenrand mit abgewetzten Bällen Fußball, Arbeiter mit schmutzigen Strohhüten lagen im Schatten der Mittagssonne, und Fernando berichtete weiter voller Begeisterung von der Schönheit seines Landes. Dichte Dschungelpassagen wechselten sich in diesem Land mit kilometerlangen Sandstränden oder steinigen Wüsten ab, erklärte er ihnen. Er beschrieb hingebungsvoll, dass die Vielfalt Mexikos sein Herz jedes Mal berühre, wenn er die Wunder der Natur wahrnehme. Nach einigen Minuten zeigte er schließlich vor Freude strahlend auf die gigantische Gebirgslandschaft, die sich vor ihnen öffnete.

»*Las montañas, mis amigos!*«, jauchzte er.

Vor ihren Augen offenbarten sich atemberaubende Bergketten. In dieser Region wurde das Hochland flankiert vom weltberühmten Gebirgszug der Sierra Madre Occidental. Raphael und Sebastian bestaunten die Landschaft und fragten sich im Stillen, welche wundersamen Fügungen in den kommenden Tagen wohl noch auf sie warteten. Während der kommenden fünf Stunden übten sich die beiden Reisegefährten in Achtsamkeit. Sebastian konzentrierte sich zunehmend auf seine Bauchatmung, um durch die neu erlernte Praxis der Meditation klarer bei sich zu sein.

»*Aquí estamos, mis amigos.* Wir sind da, meine Freunde«, rief Fernando freudig aus, während er auf eine kleine Seitenstraße in Richtung eines leicht verfallenen und windschiefen Hauses abbog. Das dunkelrote Dach war an einigen Stellen mit blauen Plastikplanen geflickt worden. Vor der Tür bellten zwei Hunde freudig, als Fernando den Wagen parkte. Die Tür des kleinen Hauses öffnete sich, und eine elegante schwarzhaarige Mexikanerin trat ihnen mit einem bezaubernden Lächeln entgegen. Sie trug ein gelbes Kleid, eine hölzerne Perlenkette um den Hals und kleine goldene Ohrringe. Sie schien etwa Ende dreißig zu sein, strahlte über beide Ohren und rief Fernando liebevoll zu: »*Hola, cariño!*«

Die beiden küssten sich abwechselnd sanft auf die Stirn und umarmten sich innig. Fernando zeigte auf Sebastian und Raphael, während er sprach. Er schien seiner Frau auf Spanisch zu erklären, dass er Gäste mitgebracht hatte. Daraufhin öffnete sie sofort erneut symbolisch die Tür des kleinen Hauses und rief feierlich: »*Hola, chicos. Bienvenidos.* Mein Name ist Valentina, herzlich willkommen.«

»Es scheint sie gar nicht zu wundern, dass auf einmal fremde Menschen in ihrem Haus übernachten«, dachte Sebastian beeindruckt, während er den Wohnraum betrachtete. Dieser war sehr viel gemütlicher, als es der äußere Eindruck vermuten ließ. Der Boden war mit bezaubernden bunten Teppichen ausgelegt. An den Wänden hingen handgemalte Landschaftsbilder von Vulkanen und Wüsten, befestigt in braunen und goldenen Rahmen. Ein feiner Holzgeruch lag in der Luft. Sebastian entdeckte Räucherschalen, liebevoll angeordnete kleine Steine, Statuen und farbige Kerzen. Das gesamte Haus strahlte Gemütlichkeit und Geborgenheit aus.

Sofort fiel ihm der große Globus unterhalb des Fensters ins Auge. Er erinnerte ihn an seinen eigenen kleinen aus dem Großraumbüro in

Frankfurt. Der Globus seines Vaters war der einzige Gegenstand, den er von seiner ehemaligen Arbeitsstätte mitgenommen hatte. Sebastian musste in den letzten Tagen immer wieder an seinen Vater denken. Von vielen Ländern, die er nun selbst bereiste, hatte ihm dieser vor langer Zeit bereits erzählt. Sicherlich wäre er stolz auf ihn und seinen Mut, seiner inneren Stimme zu folgen und die Welt zu erkunden. Sebastian starrte auf den Globus und bestaunte selbst seinen kühnen Weg vom grauen Bankenviertel Frankfurts bis hierher, in das bunte Mexiko. Mit einem stillen Lächeln dachte er in dieser Art an seinen Vater und wie das Leben ihn bisher geführt hatte. Er ging zu der Weltkugel und drehte langsam an ihr. Valentina stellte sich neben ihn und erklärte unaufgefordert, was ihr der Globus bedeutete. Schon wieder schien es fast so, als ob die Menschen in der Umgebung seine Gedanken erfassen könnten.

»In Mexiko haben wir nicht besonders viel. Aber wir haben unsere Freude, unsere Träume und unsere Liebe für Schönheit. Dieses Erbstück erinnert Fernando und mich an die Weite der Welt. Wir blicken oft auf die vielen Länder und träumen von großen Reisen«, erklärte Valentina liebevoll.

Nach einer kleinen Führung durch das Häuschen begann Valentina mit der Zubereitung ihrer von Fernando hochgelobten Fajitas. Sie putzte und wusch behutsam einige Paprikas, schälte eine Zwiebel und schnitt zwei Zucchini langsam in Streifen. Während sie Olivenöl auf das Gemüse träufelte, die Mischung mit Salz und Pfeffer würzte und alles mit den Händen vermengte, begann Raphael mutig ein Gespräch.

»Valentina?«, startete er vorsichtig mit fragendem Unterton, »ich habe gelesen, dass Mexiko ein gefährliches Land ist. Wir fühlen uns hier aber bisher sehr wohl. Ist es denn wirklich gefährlich in Mexiko?«

»*Sí, claro*«, bestätigte Valentina mit sanfter Stimme. Raphael war verwirrt. Ihr freundlicher Ton schien nicht zur Antwort zu passen. Ob sie ihn richtig verstanden hatte?

»Mexiko ist gefährlich – die Welt ist gefährlich. Aber die Welt ist auch voller Liebe. Es kommt ganz darauf an, wie wir in sie blicken. Wichtig ist nur, was wir erwarten. Es ist nicht gut, wenn man hinter jeder Ecke eine Gefahr sieht. Das Schöne lauert überall. Erwarte das Schöne«, sagte sie lächelnd.

Erwarte das Schöne

Am nächsten Morgen weckte Fernando seine Besucher auf. »*Vamos, amigos*«, flüsterte er leise. Die beiden standen auf und erkannten, dass die Sonne gerade aufging. Valentina bereitete ihnen einen typisch mexikanischen starken Kaffee zu und verabschiedete sie genauso herzlich, wie sie sie am Vortag begrüßt hatte. Fernando führte sie zum Wagen und erklärte mit sehr ruhiger Stimme, dass er gestern Nacht noch lange mit Valentina gesprochen habe.

»Ich fahre euch jetzt nach Ixtlan, von dort wandern wir in die Berge der Sierra Madre. Valentina sagte, dass ihr lernen dürft, das Schöne zu sehen. Dabei möchten wir euch helfen.« Mit diesen Worten startete Fernando den Motor und bewegte seinen staubigen Wagen in Richtung Hauptstraße.

»Wo fahren wir genau hin?«, wollte Raphael nach einigen Kilometern wissen.

»Die Huichol leben in einem abgelegenen Gebiet im Gebirge«, erklärte Fernando. »Das wilde Land hat ihre Kultur jahrhundertelang vor Fremden beschützt. Wir werden in die Berge wandern und eure Antwort suchen.«

Nach zwei weiteren Stunden mit dem Auto über hügeliges Gelände begannen die drei einen Fußmarsch und bewegten sich schweigend durch die unwegsame Landschaft der Sierra Madre. Drei weitere Stunden später durchbrach Sebastian die Stille: »Was bedeutet der Name der Huichol eigentlich?«

»Huichol ist nur ein Begriff, der von anderen als Bezeichnung für dieses heilige Volk eingeführt wurde. In ihrer eigenen Sprache nennen sie sich Virarica«, erklärte Fernando, der mittlerweile schweißnass vom Aufstieg war.

»Virarica«, wiederholte Raphael leise.

»Übersetzt heißt es so viel wie ›Die heilenden Menschen‹ oder ›Das Volk der Heiler‹. Einst wurde dieser Stamm als Volk von Schamanen bezeichnet. Auch heute gibt es immer noch viele Schamanen und Heiler unter ihnen«, erklärte Fernando leise.

Plötzlich erkannten die drei vor sich einen Mann auf einem Felsvorsprung sitzen. Er trug eine Art weißes Leinenhemd mit bunt eingestickten Verzierungen. Sein Kopf wurde von einem Strohhut bedeckt, der mit vielen kreisförmig angeordneten Federn geschmückt war. Obwohl er sehr ernst blickte, winkte er die drei Reisegefährten zu sich. Aufgeregt liefen sie auf den Fremden zu, und dieser signalisierte ihnen durch eine Handbewegung, ihm zu folgen. Nach einigen Minuten entdeckten sie ein kleines Dorf mit lachenden Kindern. Die Bewohner trugen alle die gleichen Hemden mit rosa, gelb und grün eingestickten

Symbolen. Das musste es sein. Das Volk der Heiler. Fernando, Raphael und Sebastian wurden direkt zu einer zentral gelegenen Feuerstelle geführt. Die drei setzten sich langsam und waren von der farbenfrohen Vielfalt der indigenen Tracht beeindruckt. Überall um sich herum entdeckten sie kleine und große Kunstwerke, die teils in die Zelte eingearbeitet und teils in die Bäume und die umliegende Natur integriert waren. Die bunten traditionellen Fadenbilder, die aus gefärbten Wollfäden angefertigt waren, wirkten wie gedruckt. Sebastian beobachtete fasziniert, wie die Frauen des Stammes die Kunstwerke erschufen, indem sie die gefärbten Fäden in figuralen und geometrischen Formen mit Wachs auf Holzbretter klebten.

Immer wieder zogen Rauchschwaden durch das kleine Dorf. Fernando erklärte, dass es sich um Copal, eine Mischung verschiedener heiliger Baumharze, handelte. »Räuchern mit weißem Copal ist eine bekannte Tradition in Mexiko. Es sorgt für geistige Klarheit und fördert das Bewusstsein«, sagte er leise. Der Duft des rituellen Rauchwerks beruhigte die drei auf eine unerklärliche Art sofort. Plötzlich setzten sich zwei der älteren Stammesangehörigen zu ihnen. Sie begannen im Wechsel zu sprechen, und Fernando übersetzte für Sebastian und Raphael:

»Mutter Erde sagte uns bereits, weshalb ihr hier seid. Ihr möchtet wissen, wie ihr eure Kraft findet. Die Kraft liegt in der Gemeinschaft. Ihr seid Teil der großen Familie. Teil der Menschen. Wir möchten euch helfen. Ihr denkt vielleicht, dass ihr bisher allein wart, doch ihr seid nie allein gewesen. Auch ein Huichol ist und handelt nie allein. Alle Sorgen und Freuden des Alltags werden geteilt. Niemand ist von der Gemeinschaft isoliert, alle gehen ihren Lebensweg gemeinsam, eins mit der Natur. Daran müsst ihr euch erinnern. Wir ehren die gesamte Schöpfung.

Besonders den Geist der Natur, die heilige Kraft der Tiere, der Steine und der Pflanzen. In der schamanischen Tradition geht es nicht nur um eine persönliche Transformation oder die eigene Gesundung, sondern auch um die Heilung unserer Familien, unserer Gemeinschaft und unserer Umwelt. Dafür müsst ihr eines wissen ... « Fernando machte eine wirkungsvolle Pause, blickte die beiden konzentriert an und fuhr dann langsam fort: »Ihr müsst stets die Balance zwischen Männlichem und Weiblichem halten. Ihr dürft beide Geschlechter in Harmonie führen. Lebt immer die Ausgeglichenheit in allem. Alles trägt das männliche und das weibliche Prinzip in sich. Geschlecht offenbart sich auf sämtlichen Ebenen. Alles, bis ins Geistige hinein, hat männliche und weibliche Anteile. Das Männliche ist das Richtungsweisende, das Gebende, das Aktive, die Idee. Das Weibliche ist das Annehmende, das Behütende und das Wahrende. Das Gleichgewicht, das Wirken aus der Kraft beider Energien sollte von einem jeden Menschen angestrebt und verkörpert werden. Dies bedeutet, wahrhaft frei und souverän zu sein.

Das gesamte Universum basiert auf dem Gesetz der Verbindung von männlichen und weiblichen Qualitäten. Wer ständig nur gibt, wird des Aufnehmens unfähig werden. Wer ständig nur nimmt, wird des Gebens unfähig werden.

Nur wenn sich die beiden Aspekte miteinander verbinden, kann es zu der Geburt von etwas Neuem kommen. Das lehrt uns die Natur. Dies ist das Prinzip des Geschlechts.« Lange noch hallten die Worte des Schamanen in Raphael nach, während sein Blick der immer tiefer sinkenden Sonne am Ende der Straße folgte. Sebastian schlief fest neben ihm, und Fernando schaute konzentriert auf die vor ihm liegende Straße. Plötzlich riss ein lauter Knall die drei aus ihrer Ruhe. Der Wagen geriet unvermittelt ins Schleudern und kam mehr oder weniger kontrolliert von der Straße ab. Das tiefe Wummern und seltsame Rattern verhieß nichts Gutes, und Fernando ahnte aufgrund der schwammigen Lenkung bereits, dass der Wagen einen platten Reifen hatte. Er bremste das Auto in der hügeligen Wüstenlandschaft vorsichtig ab. Ein kurzer kontrollierender Blick bestätigte den Verdacht. Noch während die drei den defekten Reifen etwas frustriert betrachteten, nahmen sie einen dunkelgrünen Pick-up wahr, der auf der Straße langsam auf sie zurollte. Der Wagen kam etwa zwanzig Meter vor ihnen zum Stehen, und von der Ladefläche blickten sie vier mit Gewehren bewaffnete Mexikaner mit regungslosen Augenpaaren an. Mund und Nase waren von staubigen Tüchern bedeckt, und folglich war die Mimik der Fremden schwer einzuordnen. Sie waren dunkel gekleidet und stiegen langsam von der Ladefläche. Sie hielten ihre Waffen lässig über die Schulter gelehnt und wirkten auf Sebastian und Raphael bedrohlich. Sebastian spürte zwar ein leicht beklemmendes Gefühl, war aber dennoch erstaunt, dass er nicht auf der Stelle umkippte und von seiner Angst übermannt wurde. Raphael musste unweigerlich an ein spezielles Wort aus seiner humorvollen Recherche denken: »Express-Entführung«. Nur war er jetzt nicht mehr zu Scherzen aufgelegt.

Einer der drei Fremden trug einen schwarzen Cowboyhut und begann die unangenehme Stille zu durchbrechen: »*Necesitas ayuda?*« Sebastian und Raphael blickten unweigerlich sofort mit hilfesuchendem Blick zu Fernando. Dieser lächelte erleichtert und antwortete den gefährlich wirkenden Männern: »*Sí, gracias, mis amigos.*«

»Sie fragen, ob wir Hilfe brauchen«, löste Fernando die Situation mit einem breiten Grinsen im Gesicht auf. Die Fremden machten sich sofort an die Arbeit. Sie befestigten ein Seil an Fernandos Wagen, brachten ihren Pick-up in Position und zogen den Wagen auf die Straße zurück. Anschließend öffneten sie wie selbstverständlich den Kofferraum von Fernandos Fahrzeug, holten den Wagenheber hervor und schoben diesen gekonnt unter das alte Auto. Sofort war das defekte Rad abmontiert, und die vier mexikanischen Helfer in der Not setzten das Ersatzrad aus Fernandos Kofferraum auf. Nach der Montage nahmen sie erstmals die Tücher ab, lächelten und sagten: »*Buen viaje, mis amigos.*« Dann warfen sie ihre Gewehre wieder lässig über die Schultern und stiegen auf ihren Pick-up. Selbst drei Stunden später, als Raphael und Sebastian die Geschichte Valentina voller Begeisterung erzählten, konnten sie die bedingungslose Hilfsbereitschaft noch immer nicht fassen.

»Im ersten Moment dachte ich tatsächlich, dass die Prophezeiung des Auswärtigen Amtes Realität wird«, erklärte Raphael sichtlich aufgeregt. »Ich dachte, die legen uns um!«

Valentina lächelte gewohnt sanft und erklärte gütig: »Die Dinge liegen stets sehr nahe zusammen. Kriminalität und Freundlichkeit, Gastfreundschaft und Korruption, Liebe und Angst. Ohne Licht gibt es keinen Schatten.«

Lassen wir das Leben entscheiden

Während Raphael mit Valentina über das Mysterium der Polarität philosophierte, drehte Sebastian langsam am großen Globus unter der Fensterbank.

»Wurden deine Fragen beantwortet, *mi amigo?*«, fragte Fernando behutsam.

»Ja, wir haben sehr viele Antworten erhalten«, bestätigte Sebastian nickend.

»Ich habe nur das Gefühl, dass noch etwas auf uns wartet.« Sebastian drehte weiter am Globus. Raphael stand plötzlich neben ihm und legte seinen Arm langsam auf dessen Schulter.

»Sieh nur, wie weit wir gekommen sind«, sagte Raphael stolz.

»Ja, eine erstaunliche Reise«, ergänzte Sebastian, während er die Erdkugel rotieren ließ. Plötzlich stoppte er die Drehung mit seinem

Zeigefinger und sagte zu seinem Reisegefährten: »Aber ein besonderer Kontinent fehlt noch: Die Wiege der Menschheit. Afrika! Ich weiß nicht warum, aber irgendetwas ruft mich dorthin. Hast du noch Lust auf ein letztes Abenteuer?« Raphael schloss seine Augen, nickte lächelnd, bewegte seinen Zeigefinger in einer leicht kreisenden Bewegung und tippte blind auf ein Land des Kontinents. Als er die Augen öffnete, las er vor, welches Land sich unter seiner Fingerspitze befand: »Simbabwe!«

»Simbabwe also«, bestätigte Sebastian lächelnd.

Auf nach Afrika!

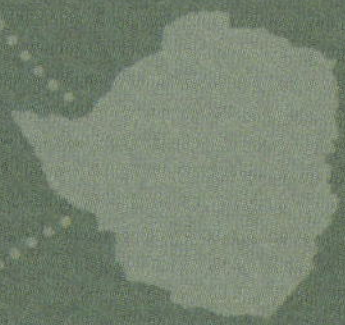

Simbabwe

Wie finde ich meine Freude?

Die letzte Frage

Als die Flugzeugräder den Boden des Flughafens Bulawayo berührten, begann Raphael mit verschmitztem Lächeln ganz langsam vorzulesen: »Afrika verzeichnet eine hohe Kriminalitätsrate, vor allem in ...«

»Halt bloß die Klappe«, unterbrach ihn Sebastian in mahnendem Tonfall und mit einem liebevollen Lächeln auf den Lippen. Die beiden Gefährten waren mittlerweile gute Freunde geworden und gingen sehr vertraut miteinander um. Auf dem langen Flug von Mexico City nach Bulawayo hatten sie sich ausführlich über ihre Erkenntnisse und die erlernten Prinzipien ausgetauscht. Raphael hatte zwischenzeitlich sehr viel gezeichnet und war sich im Klaren darüber, dass seine Berufung in der legalen Kunst lag. Seine Affinität zu Joints schien auf einmal wie vergessen, und auch sein Handy hatte er schon seit Tagen nicht mehr in die Hand genommen.

Sebastian hatte die Zeit immer wieder genutzt, um zu meditieren und sich mit seinen Schattenanteilen zu befassen. Er erkannte mit zunehmender Klarheit jene Aspekte seiner eigenen Persönlichkeit, die er im Laufe seines Lebens verdrängt hatte. Durch seine tiefe Innenschau fand er den Grund für sein Streben nach Kontrolle. Die Auseinandersetzung mit seinem eigenen Schatten forderte ihn heraus, immer ehrlicher zu sich selbst zu sein.

Als Kind hatte er sich sehr oft allein gefühlt, während sein Vater auf Reisen gewesen war. So war ein immer größer werdendes Gefühl von Unsicherheit in ihm entstanden. Diese aufrichtige Betrachtung seiner damaligen Emotionen war eine Art Bekenntnis zu sich selbst, mit allen Anteilen. Sebastian fand durch seinen Mut, nach innen zu blicken, erstmals das in Dornen verpackte Geschenk und konnte die Ursache für sein Verhalten in seiner eigenen Geschichte erkennen.

In stillen Momenten lernte er nun sanft und verständnisvoll auf sich und seine bisher verborgenen Schattenanteile zu blicken, sie wieder zurück ins Bewusstsein zu holen, anzunehmen und sich so zu lieben, wie er war. Er verstand immer klarer, dass sein heutiges Kontrollstreben ein Bewältigungsmechanismus aus der Kindheit war, der ihm auf unbewusste Art und Weise zu dienen versuchte. All dies waren Teile von verdrängten persönlichen Qualitäten, die ihn selbst zusammen mit den bewussten Anteilen als Mensch auszeichneten. Schließlich machten ihn jene Gefühle zu dem Mann, der er heute war. Diese wertvolle Erkenntnis half ihm, sich und seine verdrängten Wunden zu heilen und eine enorme Kraft und neue Energie in sich freizusetzen. Die Heimkehr zu seinem wahren Selbst war ein Meilenstein auf dem Weg zur Selbstliebe und folglich auch zu seiner inneren Freiheit. Die vielen

Begegnungen hatten sowohl bei ihm als auch bei Raphael tiefe Spuren hinterlassen. Beide waren sich auf diesem Flug äußerst bewusst geworden, dass sich etwas in ihnen verändert hatte.

»Wir haben unglaublich viel gelernt«, stellte Raphael mit verträumtem Blick fest, während er sein Dankbarkeitstagebuch von Flora aufschlug.

»Ja, ich hätte zwar vor einem Jahr nicht gedacht, dass ich so etwas sagen würde, aber diese Reise trägt wirklich Magie in sich«, bestätigte ihn Sebastian.

Raphael blätterte lächelnd in seinem Buch. In den letzten Wochen hatte er viele schöne Momente darin notiert und seine Erkenntnisse eingerahmt. Erstaunt und zugleich sehr dankbar blätterte er zum Anfang des Buches zurück und schlug die erste Seite auf. Dort standen die drei Fragen, die er sich vor vielen Wochen notiert hatte. Die erste lautete: »Wie komme ich in Bewegung?« Diese Frage hatte ihm Luna in Laos mit der treffenden Metapher des großen Mekongdeltas beantwortet. Sie hatte ihm gesagt, dass alles fließe und stets schwinge. Seine Energie, seine Gefühle und seine Gedanken sandten immer eine Schwingung aus. »Willst du dich bewegen, dann werde zur Bewegung«, hatte ihm Luna gesagt. Sie hatte ihm erklärt, dass er seine Schwingung durch Achtsamkeit, Dankbarkeit und seinen Fokus stets verändern könne. Deshalb füllte er seitdem auch sorgfältig das Dankbarkeitstagebuch.

Die Frage »Wie finde ich meine Berufung?« hatte sich ganz zu Beginn in Bali bereits aufgelöst und bestätigte sich immer wieder durch die Freude, die er während des Zeichnens verspürte. Die Erkenntnis des Mönchs in Tabanan, dass das Glück nicht im Materiellen zu finden sei, sondern stets im Inneren durch seinen Geist erschaffen werde, öffnete ihm die Tore. Auch Sebastian reflektierte während des Fluges über seine Antworten und Erkenntnisse.

Die Antwort auf die Frage, wie er seine Lebenskrise meistern könne, hatten ihm die Kogi in Kolumbien geschenkt. Sie hatten ihm erklärt, dass der Schlüssel in seiner Balance zu finden sei und dass Polarität Vielfalt erzeuge. »Die Seele möchte sich selbst in allen Aspekten erfahren. Erkenne, dass hinter allen gegensätzlichen Polen die gleiche Kraft steht«, hatten sie ihm in den Bergen Kolumbiens gesagt. »Es ist stets dieselbe Energie, die sich in unterschiedlicher Form ausdrückt«, waren ihre Worte gewesen. Deshalb versuchte er seinen Schatten nun immer bewusster zu integrieren, wobei er durch die Schamanen in Mexiko jetzt auch wusste, wie wichtig die ausgleichende Kraft hinter dem Prinzip des Geschlechts war. Der Mönch Arjun hatte ihm in Nepal erklärt, wie er inneren Frieden finden könne. »Möchtest du Frieden, dann sei Frieden. Möchtest du Sinn, dann sinke in dich selbst. Sinke tief in die Stille und still in die Tiefe«, hatte er gesagt.

»Schon erstaunlich«, begann Raphael langsam das Gespräch, während er in seinem Dankbarkeitstagebuch blätterte, »ich habe fast auf sämtliche Fragen, die ich mir vor dieser Reise stellte, eine Antwort bekommen.«

»Fast?«, fragte Sebastian vorsichtig nach.

»Die einzige Frage, die noch offen ist, steht hier.« Raphael deutete auf die erste Seite seines Buches und tippte mit dem Finger auf die dritte Frage.

»Wie finde ich meine Freude?«, lasen beide gleichzeitig in flüsterndem Tonfall vor.

Folge der Freude

Sie mussten unweigerlich lächeln und ahnten bereits, dass Afrika die richtige Wahl für die Antwort dieser Frage sein könnte.

»Eigentlich müsste uns genau jetzt jemand ansprechen und weiterführen. Zumindest war es bisher fast immer so auf dieser Reise«, stellte Sebastian lächelnd fest, während er sich zögerlich im Flugzeug umsah. Die Anschnallzeichen waren mittlerweile erloschen, der Flieger stand, und die Fluggäste griffen hastig nach ihren Handgepäckstücken in den oberen Staufächern. Raphael und Sebastian blieben unbeeindruckt sitzen.

»Wie sollen wir denn jetzt starten?«, fragte Sebastian leicht verunsichert.

»Luna sagte uns in Laos, dass wir der Freude folgen sollen, und die Kogi wiederholten immer wieder, dass uns das Leben führen wird«, antwortete Raphael überzeugt. »Also …«, fuhr er langsam mit einem verschmitzten Lächeln fort.

»Also … was?«, fragte Sebastian mit hochgezogenen Augenbrauen nach.

»Also schauen wir uns jetzt Elefanten an!«

»Elefanten?«

»Ja, ich liebe Elefanten. Wenn wir der Freude folgen sollen und das Leben uns führen wird, dann lass uns doch einfach Elefanten suchen. Das würde mir große Freude machen.«

»Ich liebe deine kindliche Art«, stellte Sebastian fröhlich fest. Nachdem die beiden die Passkontrollen hinter sich gelassen und ihr Gepäck an sich genommen hatten, entschieden sie sich spontan für einen Mietwagen und saßen wenige Stunden später bereits in einem dunkelgrünen kleinen Jeep. Ganz ihrem Gefühl folgend, wählten die beiden als erstes Ziel den Hwange-Nationalpark aus und suchten sich noch am Flughafen direkt eine kleine Lodge für ihr Abenteuer.

»Wir fahren tatsächlich in die Heimat der Elefanten«, rief Raphael heiter aus, während Sebastian den Wagen aus der Großstadt über die Hauptstraße Richtung Savanne lenkte. »Wusstest du, dass im Hwange-Nationalpark über vierzigtausend Elefanten leben?«, fragte Raphael aufgeregt, während er staunend aus dem Fenster blickte.

»War die Recherche der Länder früher nicht einmal mein Job?«, fragte Sebastian schelmisch grinsend und bestaunte die sich vor ihm öffnende Weite der Landschaft. Sie genossen den gigantischen Weitblick über das trockene Gras und die zahlreichen Laubbäume.

»Wir können bald Löwen, Leoparden, Nashörner, Giraffen, Affen und Zebras sehen«, freute sich Raphael über die vor ihnen liegende

Vielfalt der Natur. Als die beiden einige Stunden später in der Bomani Lodge eintrafen, fühlten sie sich wie im Paradies. Die kleine Lodge war eine Oase inmitten der Wildnis. Sie lag in Sichtweite zu einem Wasserloch und bestand aus gemütlich eingerichteten Zelten, die einen Meter über dem Boden auf Stelzen errichtet waren. Das gesamte Camp war mitten in der Natur auf ursprüngliche Art und Weise angelegt. Nach ihrer Ankunft wurden Raphael und Sebastian zum Hauptgebäude geführt. Ebenso erhöht auf Stelzen gebaut und an den Seiten offen, beherbergte es mehrere große Räume sowie eine Lounge. Der Ausblick ließ die beiden staunen. An der Wasserstelle erblickten sie bereits die ersten Elefanten und nahmen eine Vielzahl bunter Vogelarten wahr. Ein junger Mann kam mit strahlendem Lächeln auf sie zu und sagte: »*Hello!* Ich bin Tayo, *welcome to Zimbabwe*!«

Tanzende Freude

Behutsam füllte sie die beiden leicht verbeulten Metalleimer mit Wasser und beobachtete währenddessen die Büffel am Wasserloch. Noch immer faszinierten sie die graziösen Antilopen, die sie in der Ferne laufen sah. Sie atmete tief durch und bestaunte in aller Stille die Formen- und Farbenvielfalt der Vögel. Auch nach so vielen Jahren konnte sie sich an der atemberaubenden Schönheit dieses Landes nicht sattsehen. Im Schlamm am Rand des Wasserloches badeten vier Elefanten und schienen die Kühle des Schlammes ausgiebig zu genießen. Sie band ihre langen blonden Haare mit einer gekonnten Handbewegung zu einem lockeren Dutt, setzte ihren Hut auf und ging mit langsamen Schritten zurück zum Camp. Sie liebte die Abendstunden im Nationalpark. Die gesamte Natur strahlte in dieser goldenen Stunde eine unerklärliche Ruhe aus. Als sie die Stufen der Holztreppe zur

Lodge langsam nach oben stieg, stand die Sonne bereits tief über dem Horizont.

Am Eingang der großen Lounge fiel ihr ein rot-weißer Trekkingrucksack auf. Er war mit anderen Gepäckstücken an die Wand gelehnt und erinnerte sie an etwas. Nur woran genau? Richtig, sie hatte ihrem Ex-Freund vor einigen Jahren exakt solch einen Rucksack geschenkt. Er hatte sich immer vorgenommen, auf Reisen zu gehen, doch damals war es ihm nicht gelungen, sich aus seinen eingefahrenen Routinen und Gewohnheiten zu lösen. Wie es ihm wohl ging und was er mittlerweile wohl machte? In den letzten Wochen hatte sie öfter an ihn gedacht, und nun sah sie diesen Rucksack. Ein seltsames Zeichen. Als sie die Lounge betrat, konnte sie ihren Augen nicht trauen. War das wirklich möglich?

»Raphie …?« Als Raphael seinen Namen hörte und sich langsam umdrehte, überkam ihn ein lauwarmer Schauer der Freude. Schlagartig kribbelte sein Bauch, und er spürte, wie sich Gänsehaut an seinem ganzen Körper bildete.

»Theresa?« Ungläubig starrte er die bildhübsche Frau an. Sie sah fast wie damals aus. Nur ihre Haut war mittlerweile braun gebrannt, und statt der zerrissenen Jeans war sie mit einer sandfarbenen Trekkinghose bekleidet. Sie trug einen beigen Sonnenhut und braune Wanderstiefel. Nach einem kurzen anfänglichen Moment der Verunsicherung fielen sich die beiden lachend in die Arme. Dass Raphael sich mit Sebastian exakt dieses Land, diesen einen Nationalpark und letztendlich sogar die eine richtige Lodge ausgesucht hatte, glich einem Wunder. Als die beiden Reisenden sich auf Simbabwe als das Land für ihr finales Abenteuer geeinigt hatten, hatte Raphael nicht mal an Theresa gedacht. Jetzt fiel ihm alles wieder ein. Sie hatte sich doch damals auf den Weg gemacht. Was für eine wundersame Fügung.

Am Abend saßen sie mit den Mitarbeitern des Camps, einigen Touristen und den einheimischen Dorfbewohnern gemütlich um das große Feuer. Theresa erzählte Raphael und Sebastian, wie sie zunächst in einigen Reservaten im Matobo-Nationalpark, dann an den berühmten Victoriafällen und schließlich hier in der Lodge des Hwange-Parks lebte. Tayo, der junge Afrikaner, der Raphael und Sebastian anfangs begrüßt hatte, setzte sich zu den dreien an das Feuer. Neben ihm stand eine strahlende Afrikanerin. Sie trug ein gelb-rot gemustertes Kopftuch, eine weiße Perlenkette und große, runde goldfarbene Ohrringe. »Ich bin Nebou«, sagte sie lachend und setzte sich neben Tayo. Theresa erklärte, dass Nebou wie viele andere Mitarbeiter des Camps mehrere Sprachen sprach, um die Besucher des Parks während der Safaris in deren Sprache zu begleiten. Plötzlich fingen Nebou und Tayo lachend an, rhythmisch mit den Fingern zu schnipsen und auf den Baumstamm am Feuer zu klopfen. Sie hoben fröhlich zu einem Lied an und klatschten währenddessen im Viervierteltakt in die Hände. »*Mimi kufungua moyo wangu*« begann der Text. Theresa stand sofort tanzend auf und erklärte dem verwunderten Raphael zwischen den Strophen, dass es sich um ein berühmtes hiesiges Lied handele. »Der Text bedeutet: ›Ich öffne mein Herz‹«, übersetzte sie lachend. Sebastian und Raphael sangen vorsichtig mit und waren beeindruckt von der ungehemmten Begeisterung und Freude. Alle Simbabwer an der Feuerstelle standen auf einmal auf und tanzten laut singend mit. Es schien für sie vollkommen normal zu sein, sich mit den Liedern und im Rhythmus der Musik zu bewegen. Die Freude war ansteckend, und kurze Zeit später tanzten sämtliche Anwesenden. Einige riefen euphorisch unbekannte afrikanische Wörter, während andere wild tanzend und voller Energie auf den Boden stampften. Die gesamte Gemeinschaft sandte Jubelschreie in den Nachthimmel, alle sangen mit kindlichem Frohsinn und lachten inbrünstig. Solch eine feierliche Begrüßung hatten die beiden noch nie zuvor erlebt.

Der Rhythmus des Lebens

»Was für eine Freude«, rief Raphael, noch sichtlich außer Atem, als er sich einige Lieder später wieder auf dem Holzstamm niederließ. »Ich habe mich in den letzten Jahren oft gefragt, wie ich meine Freude finden kann. Hier scheint es so leicht«, gestand er Nebou, Tayo und Theresa. Nebou lachte ihn an und begann mit beiden Händen auf ihrem Herzen und hellwachem Blick zu erklären: »In Afrika folgen wir dem Rhythmus des Lebens. Das ist unser Schlüssel zum Glück. Der Tanz, die Melodie, die Stimme, die Freude und auch das Leid sind ein Teil des ewigen Liedes. Das Lied der Liebe liegt im Rhythmus des Lebens.« Tayo legte seinen Arm um Nebou und nickte. Sie wirkten beide ausgesprochen anmutig und charismatisch. Eine solche Präsenz und Strahlkraft war Raphael bei vielen Einwohnern von Simbabwe bereits aufgefallen. Tayo ergänzte mit ruhiger Stimme: »Alle

Dinge kommen und gehen wieder. Alles steigt und fällt. Das Schwingen des Pendels zeigt sich immer, und der Rhythmus führt das Leben. So entsteht ein immerwährender Kreislauf, der unser Leben bestimmt. Nichts passiert ohne Grund. Dies ist auch ein großer Trost, wenn es uns oder unserer Gemeinschaft einmal nicht so gut geht, denn wir wissen, dass auch diese Situation dem Wandel unterliegt.« Nebou blickte nach oben in den leuchtenden Nachthimmel und sagte:

»Für alles gibt es den richtigen Zeitpunkt. Wer dem Lied seines Herzens folgt und mit seinem persönlichen Rhythmus geht, der wird geführt werden. Das ist das Prinzip des Rhythmus.«

Sebastian und Raphael saßen noch lange am Feuer und lauschten den Geschichten von Tayo, Nebou und Theresa. Sie berichteten von kleinen und großen Wundern, von der tragenden Kraft der Gemeinschaft und von der gewaltigen Freude des afrikanischen Volkes. Ihre Weisheit und ihre Verbundenheit beeindruckten die beiden tief. Sie sprachen über Fügungen, und natürlich erzählten Sebastian und Raphael voller Begeisterung von ihrer Reise und den vielen Erkenntnissen, die sie dabei gesammelt hatten. Theresa fragte Raphael interessiert, wie er nach all der Zeit den Entschluss hatte fassen können, sich endlich auf die Reise zu begeben.

Er ließ seinen Weg kurz Revue passieren und antwortete: »Es waren zunächst ganz kleine Zeichen. Kleine Zeichen, die eine große Veränderung in Gang brachten. Es war so, als ob eine leise, kaum wahrnehmbare Stimme mit mir sprechen würde. Erst ignorierte ich sie, aber dann wollte ich herausfinden, was passiert, wenn ich dieser Stimme meines Herzens folge. Zuerst hatte ich Angst vor der Veränderung, aber dann merkte ich, wie viel Kraft in einer scheinbar kleinen Entscheidung liegen kann.«

»Ein Floh kann einem Löwen mehr zu schaffen machen als ein Löwe einem Floh«, bestätigte ihn Tayo, der die Unterhaltung aufmerksam verfolgte.

In den folgenden Tagen genossen Sebastian und Raphael die atemberaubende Vielfalt des Nationalparks. Theresa, Nebou und Tayo führten sie durch die Savanne, und so bestaunten sie gemeinsam Giraffen, Zebras, vereinzelte Wildkatzen und natürlich Elefanten. Theresa und Raphael kamen sich dabei allmählich wieder näher und spürten ein aufregendes, altbekanntes Gefühl der Anziehung zwischen sich. Eines Abends erzählte Theresa, dass sie in den nächsten Wochen gern wieder einmal nach Deutschland reisen und Raphael mit Freude wiedersehen würde. Raphaels Herz machte einen kleinen Hüpfer. Zwischenzeitlich verbrachte Sebastian immer wieder Zeit mit den Familien des umliegenden Dorfes. Nebou und Tayo zeigten ihm ihr Zuhause, und Sebastian bestaunte fasziniert die lokale Lebensweise. Er bewunderte die große Verbundenheit und das Gemeinschaftsgefühl der Familien und Stämme sehr. Es schien fast so, als ob alle Männer und Frauen trotz der vielen Aufgaben stets Freude empfanden und miteinander lachten, sangen und sich gegenseitig Kraft schenkten. Sebastian musste zwangsläufig an

Deutschland denken: »Bei uns haben die meisten Menschen die Freude an der Arbeit und die Leichtigkeit bei der Erfüllung der alltäglichen Aufgaben scheinbar verloren.« Die Fürsorge im Dorf erstreckte sich auf alle Mitglieder der Gemeinschaft. Die Solidarität spiegelte sich in den glücklichen wie auch den unglücklichen Augenblicken der Familien und bewegte Sebastian mit jedem Tag tiefer. Nach einigen Tagen offenbarte er am Lagerfeuer Raphael und Theresa einen mutigen Entschluss.

»Mein lieber Freund«, begann Sebastian spannungsvoll. Raphael und Theresa blickten ihn neugierig an, und Sebastian fuhr fort: »Ich bin sehr berührt vom Zusammenhalt dieser Familien. Ihre Werte, ihre Gastfreundschaft, ihre berührende Menschlichkeit und ihr ausgeprägter Sinn für gegenseitige Hilfe haben mich an etwas erinnert. Ich möchte meinen Vater gern besuchen. Wir haben uns seit sehr vielen Jahren nicht mehr gesehen, und ich will einfach nicht mehr in solch einer großen Trennung leben. Wenn mich diese Reise eines gelehrt hat, dann dass unser Glück in vielen Facetten, doch vor allem in unserer Liebe zu finden ist. Ehrlich gesagt konnte ich bisher nicht verstehen, weshalb mein Vater mich und meine Mutter für seine Reisen oft so lange verlassen hat. Ich habe mich in diesen langen Wochen immer etwas einsam gefühlt und merke, dass ich ihm dieses Gefühl noch heute vorwerfe.«

»Und jetzt? Fühlst du dich jetzt noch immer einsam?«, fragte Raphael behutsam nach.

»Das ist ja das Faszinierende. Ich fühle mich das erste Mal in meinem Leben zu Hause und das, obwohl ich so viele Meilen von daheim entfernt bin. Es fühlt sich so an, als ob ich in mir selbst meine Heimat gefunden hätte«, erklärte Sebastian. Nach einigen Momenten der Stille fuhr er fort: »Irgendwie kann ich nun endlich verstehen, weshalb mein Vater immer wieder in die Welt hinauszog. Ich glaube, er folgte einfach seiner Freude und seinem leuchtenden Herzen. Schließlich liebt er die Fotografie über alles und reiste stets an all diese zauberhaften Orte, um deren Magie einzufangen. Ich selbst erlaubte mir aber aus irgendeinem Grund nie so richtig, meinem Herzen zu folgen.«

»Zumindest bis jetzt«, warf Raphael lächelnd ein.

»Richtig«, bestätigte ihn Sebastian. »Ich glaube, dass seine langen Reisen keine Entscheidung gegen die Zeit mit meiner Mutter und mir waren, sondern eine Entscheidung für sich selbst und seinen Traum. Ich würde ihm all das gern sagen und die eingestürzten Brücken unserer Verbindung wieder neu errichten.«

»Wo lebt dein Vater denn?«, wollte Theresa wissen.

»Ich glaube, in der Schweiz. In der Nähe von Bern«, antwortete Sebastian. »Er hat mir früher oft aus meinem Lieblingsbuch vorgelesen. ›Alle Zeit, die nicht mit dem Herzen wahrgenommen wird, ist so verloren wie die Farben des Regenbogens für einen Blinden‹ – das war meine Lieblingsstelle. Ich glaube, dass ich sehr lange nicht wirklich mit dem Herzen wahrnahm. Doch diese Reise hat mich daran erinnert. Sie hat mein Herz tatsächlich wieder wachgeküsst«, ergänzte er sichtlich berührt mit glasigen Augen. »Es ist mir eine Ehre, dich begleiten zu dürfen, mein großer Gefährte«, flüsterte der ebenso berührte Raphael, während er den Arm behutsam um Sebastians Schultern legte. »Also gut, auf in die Schweiz«, rief Raphael einige Momente später fröhlich in den Nachthimmel.

»Ernsthaft?«, fragte Sebastian ungläubig nach.

»Natürli, miin Fründ«, antwortete Raphael lächelnd in schweizerdeutschem Akzent.

Schweiz

Wie manifestiere ich ein Leben in Fülle?

Zu Hause sein

Ihren letzten Langstreckenflug verbrachten die beiden in großer Dankbarkeit und Demut. Raphael füllte mit leuchtenden Augen die letzten Seiten von Floras Dankbarkeitstagebuch und ergänzte seine Notizen mit eleganten Skizzen von Elefanten, Giraffen und weiteren afrikanischen Tieren. Seine Berufung ließ ihn seit Tagen nicht mehr los, und er spürte immer klarer, dass dies der Weg seines Herzens war. Früher hätte er sich Sorgen gemacht, wie sich aus seinem Talent ein berufliches Feld kreieren ließe. Heute lächelte er sanft und dachte an den Impuls der kolumbianischen Weisen. Sie hatten gesagt: »Das Leben wird euch führen.« Und das tat es tatsächlich. Diese Reise war sein Beweis für die Existenz der Prinzipien, die sie kennengelernt hatten. Nicht zuletzt wegen seiner letzten Begegnung in Simbabwe. Lächelnd dachte er mehrfach an Theresa und spürte seine Vorfreude, sie in Deutschland vielleicht schon bald wiederzusehen. Sebastian meditierte währenddessen und erfuhr ein tiefes Gefühl des Friedens in sich. Er wurde sich immer stärker bewusst, dass er sich selbst tatsächlich eine Heimat und in seinem Inneren sein Zuhause war. Das erste Mal in seinem Leben ließ er wirklich los und spürte, wie die Kraft des Vertrauens und der Hingabe durch und mit ihm floss. Er erkannte sich und das Leben tatsächlich als einen ständigen Fluss und verstand, was ihm Luna in Laos mit den Worten »Du bist eine ewige Welle« hatte sagen wollen. Nun nahm er sich Zeit für sich selbst und lauschte in sich hinein. Er atmete tief und erkannte das unendliche Kraftreservoir in seinem Inneren.

Der Flug erschien den beiden wie ein Wimpernschlag. In Zürich gelandet und im Inneren des Flughafengebäudes angekommen, entschieden sie sich für einen Mietwagen. Während Sebastian das Auto in Empfang nahm und die Formalitäten regelte, nutzte Raphael die Zeit und zückte sein Handy. Er fand in den sozialen Medien rasch Bilder von Sebastians Vaters, indem er dessen Namen als Hashtag nutzte. Nach wenigen Minuten war er am Ziel seiner Recherche. Es stellte sich heraus, dass Sebastians Vater am kommenden Wochenende eine Fotoausstellung in Interlaken als Ehrengast eröffnen würde.

Sebastian strahlte freudig, als Raphael ihm stolz berichtete, dass er wusste, wo sie seinen Vater finden könnten. Während der zweistündigen Fahrt durch die leuchtende Landschaft der Schweiz staunten die beiden über die Schönheit dieses malerischen Landes.

Die hügeligen, saftig grünen Wiesen waren mit kleinen Holzhütten bestückt und von kristallklaren blauen Flüssen durchzogen. Durch die teilweise starken Strömungen erschienen sie immer wieder weiß. Kuhweiden und entfernte Berghütten zierten die Hänge an den imposanten Alpen. Sebastian und Raphael fuhren vorbei an dichten, verträumten dunkelgrünen Wäldern und entdeckten immer wieder hellblau glitzernde Seen, die zwischen der märchenhaften Landschaft emporleuchteten. Die prächtigen, mit Schnee bedeckten Gipfel der Schweizer Alpen ließen sie andächtig staunen. Als sie Interlaken, die Wahlheimat von Sebastians Vater, erreichten, verstanden sie sofort, weshalb er nach all seinen Reisen diese Region für seinen Lebensabend gewählt hatte.

Der idyllische Ort lag zwischen zwei wunderschönen Seen. Der tiefblaue Thunersee wirkte wie einem Gemälde entsprungen. Er strahlte in leuchtenden Blautönen und war eingebettet in die Bergkulisse der umliegenden Alpenkette. Der Brienzersee sah wie ein kostbarer Smaragd aus. Er war umgeben von kleinen und größeren Wasserfällen, umsäumt von steilen Ufern und eingerahmt von teils unberührter Natur. Die Umgebung des Ortes bestand aus malerischen Landschaften, tiefgrünen Wäldern, eindrucksvollen Bergklippen und schneebedeckten Gletschern.

Als sie das Innere der Stadt erreichten, entdeckten sie einen träge dahinfließenden türkisgrünen Fluss. Der beeindruckende Strom, die Aare, wurde an beiden Ufern von alten Holzhäusern gesäumt.

Nach einem ausgiebigen Spaziergang durch die romantische Altstadt suchten sich die beiden für ihre erste Nacht in diesem idyllischen Ort eine kleine Pension. »Grüezi, güotun Abunt«, begrüßte sie der freundliche Herr am Empfang in landestypischer Form und zeigte ihnen anschließend ihre Zimmer. Sebastian war nervös und freute sich zugleich auf die Begegnung mit seinem Vater. In dieser Nacht konnte er trotz seiner abendlichen Meditation nicht gleich einschlafen.

Es soll wohl so sein

Aufgeregt lief er mit hastigen Schritten und flacher Atmung von einer Seite des Zimmers zur anderen. Die wenigen Schritte zwischen dem dunkelbraunen Ledersofa und dem surrenden Kaffeevollautomaten beruhigten ihn ein wenig. Der Raum erschien ihm dennoch unglaublich klein, und er fühlte sich wie ein gefangener Tiger in einem Käfig. Nervös blickte er auf seine Armbanduhr. Noch drei Minuten. Sein Herz pochte immer stärker.

Schon seltsam, da war er um die ganze Welt gereist, hatte Wochen im lebensbedrohlichen Urwald, in brasilianischen Favelas und in arktischer Kälte verbracht, doch die Angst, vor dreihundert Menschen zu sprechen, überstieg all das. Dezent sarkastisch lächelnd, dachte er sich: »Nun bin ich schon so alt und fühle mich in solchen Momenten noch immer wie ein Kind kurz vor einem Referat.« Manches schien sich nie zu ändern. Wieso hatte er nur zugesagt? Eigentlich hatte er solche Veranstaltungen in der Öffentlichkeit noch nie gemocht. Irgendetwas in ihm hatte einfach »Ja« gesagt, und jetzt fragte er sich ernsthaft, welches Gefühl ihn dazu bewogen hatte. Irgendeinen Grund würde es schon haben. »Es soll wohl so sein«, dachte er sich immer wieder, um seine Aufregung zu mildern. Noch eine Minute.

Er verließ den kleinen Raum und stand mit rasendem Herzen am Hintereingang zur Bühne. Langsam stieg er die fünf Stufen hinauf und atmete nochmals tief ein, während er seinen Namen und anschließend tosenden Applaus hörte. Die Scheinwerfer blendeten ihn. Außer in den ersten beiden Reihen erkannte er keine Gesichter der Anwesenden im ausverkauften Kongresssaal. Ruhig und bedächtig trug er seine Rede vor und hoffte, dass seine leicht zitternde Stimme nicht allzu unprofessionell auf das Publikum wirkte. Nach einer gefühlten Ewigkeit nahm er seine Ehrung in Form einer reich verzierten, eingerahmten Urkunde und einer bronzefarbenen Kamera entgegen, eröffnete die Ausstellung mit abschließenden Worten und stieg erleichtert die Stufen vom Bühnenrand hinunter. Dann atmete er tief durch.

»Was für ein Stress«, dachte er sich mit flacher Brustatmung und fragte sich noch immer, wieso er diese öffentliche Ehrung und Eröffnung der Ausstellung überhaupt angenommen hatte. Als er sich allmählich wieder entspannte und gelöst durch die murmelnde Masse schlenderte, konnte er seinen Augen nicht trauen. War das wirklich möglich? Seit Wochen dachte er bereits an seinen Sohn. In den letzten dreißig Jahren hatten ihn immer wieder Gewissensbisse geplagt, weil er so viel Zeit auf seinen Reisen verbracht hatte. Ja, er war ein wahrer Meister in der Kunst der Manifestation. Er hatte seinen Traum gelebt, viel Geld in einem abenteuerlichen und abwechslungsreichen Beruf verdient, die schönsten Orte der Welt besucht und verstand etwas davon, sich Reichtum zu manifestieren, doch die Beziehung zu seinem eigenen Sohn hätte er sich deutlich harmonischer gewünscht. In den letzten Tagen hatte er sich ihn immer wieder ins Bewusstsein gerufen und die Techniken der Manifestation genutzt, die ihm seit Jahrzehnten gute Dienste leisteten. Er stellte sich das Endergebnis mit leuchtenden Bildern vor und spürte die Freude, seinen Sohn zu umarmen.

Und jetzt das. Konnte das wirklich wahr sein?

Die Zeit mit dem Herzen wahrnehmen

Sebastian stand wie angewurzelt vor seinem Vater inmitten des großen Kongresssaales. Beide blickten sich für eine gefühlte Ewigkeit ungläubig an und konnten ihren Augen nicht trauen. Schließlich fasste Sebastian sich ein Herz und ging die letzten Schritte auf ihn zu. Sie fielen sich tief berührt in die Arme und zitterten vor innerer Bewegung. Tränen der Freude rannen über ihre Wangen, und selbst Raphael, der die Szene aus einigen Metern Entfernung beobachtete, begann zu weinen. Die beiden umarmten sich innig, und Sebastians Vater streichelte sanft über die Haare seines Sohnes, während er um Worte rang.

»Ich habe mir diesen Moment so sehr gewünscht«, sagte er mit zitternder Stimme.

»Ich auch«, antwortete Sebastian nickend und mit Tränen auf den Wangen.

»Wie konntest du mich finden? Was machst du hier?«, fragte Sebastians Vater noch immer überwältigt von der Begegnung.

»Das ist eine lange Geschichte«, antwortete Sebastian lächelnd und führte seinen Vater langsam zu Raphael.

»Grüezi, ich bin Raphie«, sagte dieser mit charmantem Akzent und brachte Sebastians Vater direkt zum Schmunzeln.

»Ich bin Paul«, antwortete er mit einem sanften Lächeln und lauschte den beiden anschließend bei einem ausgiebigen Spaziergang an der Aare.

Sebastian und Raphael berichteten von ihrer ersten Begegnung am Wassertempel in Bali, von ihrer gemeinsamen Reise durch Laos, der aufregenden Busfahrt entlang der Klippen in Nepal, von den berührenden Momenten im Dschungel Kolumbiens und den Schamanen in Mexiko. Sie erzählten von der Reise nach Afrika und natürlich auch von den Erkenntnissen, die sie in all den Ländern gesammelt hatten. Paul hörte ihnen aufmerksam zu und staunte über die Weisheit und das veränderte Wesen seines Sohnes. Außerdem war er höchst fasziniert von Raphael und musste beim Anblick der ungleichen Gefährten immer wieder schmunzeln.

»Eure Reise klingt nach einem sagenhaften Abenteuer«, begann Paul, nachdem er den beiden gebannt gelauscht hatte, »ihr scheint euch tatsächlich gesucht und gefunden zu haben. Weißt du, mein lieber Sebastian, ich habe so oft an dich gedacht und möchte dir unbedingt etwas sagen.« Er blieb zwischen den beiden unter einer großen hellgrünen Weide stehen und blickte Sebastian tief in die Augen. »Ich habe versucht, die Schönheit auf der ganzen Welt in Bildern einzufangen, und habe dabei ganz vergessen, mich auf das Schönste, das ich in meinem Leben habe, zu fokussieren«, erklärte Paul seinem Sohn mit Tränen in den Augen. »Die Beziehung zu dir und die Zeit mit deiner Mutter sind das Wertvollste, das ich in meinem Herzen trage. Irgendwann wurde meine Distanz so groß, dass ich nicht mehr wusste, wie ich die Brücke zu dir bauen sollte, doch ich dachte stets an dich. Dass du nun hier bist, gleicht einem Wunder. Du weißt ja: ›Alle Zeit, die nicht mit dem Herzen wahrgenommen wird …‹«

»›… ist so verloren wie die Farben des Regenbogens für einen Blinden‹«, ergänzte Sebastian sichtlich bewegt, als er seinem Vater tief berührt in die Augen blickte und ihn anschließend lange und innig in den Arm nahm.

Die Kunst der Manifestation

Am Abend bewunderten Sebastian und Raphael staunend die unzähligen Bilder an den Wänden von Pauls gigantischem Haus. Das spezielle Gebäude glich einem Kunstwerk. In der Mitte des Daches ragte ein kleiner Turm empor, und die Front des Wohnzimmers war vollständig verglast. Das Haus erlaubte einen phänomenalen Blick auf die Schweizer Bergketten. An den Wänden hingen, stilvoll eingerahmt, Hunderte Hochglanzfotos von Pauls Reisen. Egal ob in einem Gleitschirm über den berühmten Inkaruinen von Machu Picchu in Peru, in einem Hubschrauber über dem Grand Canyon oder auf einem Holzfloß mit Indigenen im Amazonasgebiet – Paul schien bereits überall gewesen zu sein. So bestaunten die beiden die Vergangenheit von Sebastians Vater, und Raphael fragte eine Stunde später, während des Essens, immer wieder interessiert nach.

»Wie ist es möglich, ein solches Leben zu erschaffen?«

»Durch gezielte Manifestation.«

»Wie funktioniert das?«

»Einfach gesagt, manifestieren wir alle und das zu jeder Zeit. Nur ist es den wenigsten bewusst. All das beruht auf dem Prinzip von Ursache und Wirkung«, erklärte Paul mit ruhiger Stimme.

»Alles, was du erlebst, ist die Wirkung einer entsprechenden Ursache, die von dir gesetzt wurde. Das geschieht immer, bewusst oder unbewusst. Jede Ursache hat ihre Wirkung, und jede Wirkung hat ihre Ursache. Diese können zeitlich jedoch auch weit auseinanderliegen. Deshalb ist zahlreichen Menschen die eigentliche Ursache für viele Effekte und Erscheinungen in ihrem Leben nicht klar. Das Fatale ist, dass die meisten sich ihrer Glaubenssätze gar nicht bewusst sind. Den Großteil von dem, was sie glauben, wie die Welt ist, haben sie einfach von anderen übernommen und seither nie wieder hinterfragt. Jene Glaubenssätze und Erwartungen erzeugen die Effekte in ihrem Leben. Was viele Menschen Zufall nennen, ist nur ein Ergebnis, das sich auf verborgene Ursachen bezieht. Es sind oft Ursachen, die wir nicht wahrnehmen und somit auch nicht verstehen können. Um deine Schöpferkraft voll und ganz zu leben, musst du dir also stets deiner gesetzten Ursachen bewusst sein.

Alles, was wir erschaffen möchten, müssen wir zuerst in uns selbst, in unseren Gedanken und in unserem Geist hervorbringen.

Dabei spielen deine Emotionen eine entscheidende Rolle. Deine Gefühle erzeugen Energie, und deine Energie setzt die Ursache! Durch unsere Vorstellung, unsere Überzeugungen, Emotionen und unseren Glauben erschaffen wir tatsächlich neue Realitäten. Dies geschieht immer wieder im Jetzt. Gerade in diesem Moment kreierst du deine Zukunft und dein vor dir liegendes Leben. Wenn du in Bildern denkst, diese mit Gefühlen auflädst und dich in der idealen Vorstellung auf der Staffelei deines Geistes wiederfindest, erschaffst du eine neue Realität deines zukünftigen Lebens. Dabei solltest du niemals vergessen, zu üben und dich in der Vorstellungskraft und deiner Erwartung zu schulen. Weil dein tägliches Denken, Fühlen und Handeln eine Ursache für die nachfolgenden Wirkungen darstellen, ist es immer sinnvoll zu trainieren, auch wenn du nicht sofort eine direkte Wirkung wahrnehmen kannst. Stell dir einen Samen unter der Erde vor.« Paul zeigte auf das Bild eines Mammutbaumes im Yosemite-Nationalpark und fuhrt fort:

»Auch ein gigantischer Baum entsteht aus einem kleinen Samenkorn. Bevor der Baum im sichtbaren Bereich erscheint, vollzieht sich im Reich des Unsichtbaren bereits sein Wachstum. Du siehst von außen nicht, wann eine Pflanze durch die Erde bricht, doch im für dich unsichtbaren Bereich sind bereits große Kräfte im Gange. Exakt so verhält es sich bei uns! Wir können stets darauf vertrauen, dass wir die Wirkungen ernten, für die wir selbst die Ursachen gesetzt haben.«

»Muss ich dann den ganzen Tag an meine Zukunft denken?«, fragte Raphael kritisch nach.

»Einer der schönsten Schlüssel hierfür ist Dankbarkeit. Wenn du das Gefühl deiner Dankbarkeit verstärkst und Gedanken so formulierst, als hättest du schon bekommen, was du dir wünschst, transportierst du die Erfüllung deines Wunsches von der Zukunft in die Gegenwart«, erklärte Paul. »Dafür musst du natürlich nicht immer an die Zukunft denken. Du lebst präsent im Jetzt und rahmst das Schöne voller Dankbarkeit in deinem Herzen ein. Morgens, abends und ein- oder zweimal im Tagesverlauf zu bestimmten Momenten deiner inneren Einkehr sendest du die nötigen Impulse in Form von leuchtenden Bildern deiner auserwählten, oder besser gesagt, geliebten Zukunft. So erschaffen wir zielgerichtet. Schon auf den berühmten Smaragdtafeln des alten Ägypten steht, dass es viele Ebenen der Ursächlichkeit gibt, doch dass nichts dem Gesetz entgeht. So unterliegen wir zwar stets dem Prinzip von Ursache und Wirkung, doch können immerzu schöpferisch tätig sein«, schloss Paul seine Erklärung ab, während er sein Weinglas elegant in der Hand schwenkte.

Ein neuer Lebensfluss

In den folgenden Tagen erkundeten die drei gemeinsam die idyllischen Wanderwege im Berner Oberland der Zentralschweiz. Sebastian und Raphael waren noch immer fasziniert von den umliegenden schneebedeckten Bergen mit ihren dichten Wäldern, saftig grünen Alpenwiesen und imposanten Gletschern. Paul stellte den beiden außerdem einige junge Fotografinnen und Künstler vor. Durch seine große Erfahrung war er vielen ein Mentor geworden und hatte vor einigen Jahren eine Stiftung zur Förderung von kreativen Künstlerinnen und Künstlern gegründet. Sebastian verstand sich ausgesprochen gut mit seinem Vater und dessen Freunden. Nach einigen Tagen offenbarte Paul während des gemeinsamen Kochens seinem Sohn eine Idee: »Mein lieber Sebastian, wie du schon bemerkt hast, geht es mir hier sehr gut. Ich lebe frei und bin finanziell unabhängig. Die Künstler und Fotografinnen in meiner

Stiftung liegen mir sehr am Herzen. Sie sind talentiert, inspiriert und erschaffen ihre Kunst mit viel Hingabe, nur tun sie sich gelegentlich ein wenig schwer mit ihren organisatorischen Aufgaben. Kannst du dir vorstellen, für einige Zeit hier zu bleiben und mir in der Stiftung zu helfen? Gemeinsam könnten wir viel Gutes bewirken.«

»Wie schön«, antwortete Sebastian sichtlich erfreut. »Tatsächlich fragte ich mich in den letzten Tagen bereits, wo mein Weg mich nach dieser Reise wohl hinführen mag. Das Bankenviertel in Frankfurt ist tatsächlich keine Option mehr. Ich habe das Gefühl, dass mich noch etwas ruft. Bis mich die nächsten Zeichen erreichen, würde ich sehr gern mit dir für die Stiftung arbeiten.«

Sebastian und Paul sprachen in dieser Nacht noch lange. Es schien fast so, als holten sie all die vergessenen Gespräche der letzten Jahrzehnte nach. Sebastian entschied sich, nochmals gemeinsam mit Raphael nach Frankfurt zu fliegen, um alle nötigen Formalitäten für seinen neuen Lebensplan zu regeln. Wobei sich der Begriff »Lebensfluss« für ihn deutlich stimmiger anfühlte. Raphael freute sich ausgesprochen für seinen Freund und Paul. Die drei verbrachten noch einige erfüllende und glückliche Tage in der herrlichen Natur der Schweizer Berglandschaft.

Als Sebastian und Raphael eine knappe Woche später wieder in der Eingangshalle des Flughafens in Zürich standen, um ihren Mietwagen abzugeben, begann Raphael mit nachdenklicher Stimme: »Weißt du eigentlich, wo diese Reise für mich begann?«

»Auf Bali?«

»Ja, ja. Aber die Entscheidung nach Bali zu fliegen, die entstand in Floras Wohnzimmer.«

Sebastian dachte an Flora und musste lächeln. Er hatte Raphaels Schwester bereits im ersten Augenblick gemocht, als sie sich beim Affentempel Swayambhunath in Nepal begegnet waren.

»Und?«, fragte Sebastian weiter nach.

»Was hältst du davon, wenn wir Flora gemeinsam besuchen? Wir fliegen doch eh zusammen nach Frankfurt. Sie würde sich bestimmt riesig freuen, und so haben wir einen schönen Abschluss für diese außergewöhnliche Reise.«

»Das ist eine sehr gute Idee.«

»Cool. Dann lass uns noch einmal zusammen fliegen.«

»Liebend gern. Auf nach Frankfurt!«

Epilog

Synchronistische Fügungen

»Ich weiß noch genau, wie ich mich damals vor dieser Tür gefühlt habe«, dachte Raphael, als er mit Sebastian vor der dunkelbraunen Holztür zu Floras Wohnung stand. Er hielt kurz inne und achtete nochmals bewusst auf die goldenen Linien, welche die Tür zierten. Noch immer stand am oberen Rand in Kreide geschrieben jener Satz, der ihn so lange begleitet hatte: »Folge den Zeichen«.

Jetzt nahm er die drei Worte auf eine vollkommen neue Art und Weise wahr. Er fühlte ihre tiefere Bedeutung und konnte sich kaum noch an den »alten Raphael«, der sich oft wie in einem Strudel aus Gedanken verloren gefühlt hatte, erinnern.

Achtsam und mit großer Vorfreude auf das Wiedersehen mit Flora klopfte Raphael an die Tür. Als seine Schwester ihm freudestrahlend öffnete und ihm direkt um den Hals fiel, kamen Raphael unvermit telt die Tränen. Er war vollkommen überwältigt und von einem tiefen Gefühl der Dankbarkeit durchströmt. Flora war ebenso berührt und küsste ihren Bruder ganz sanft auf die Stirn.

»Kommt rein, ihr weltreisenden Abenteurer«, rief sie fröhlich und zog Raphael an der einen und Sebastian an der anderen Hand durch den schmalen Flur in ihr Wohnzimmer. »Wie ist es euch ergangen? Wart ihr noch in Lumbini? Mein Yogaretreat am Phewa-See war unglaublich schön. Oh, wie toll, dass ihr hier seid!«, rief Flora noch immer ganz außer sich über das unerwartete Wiedersehen. »Also, bevor ihr mir alles erzählt, mache ich uns erstmal eine Kanne grünen Tee.«

Flora hüpfte vergnügt pfeifend in die Küche, und Sebastian ließ den Blick durch die schöne Altbauwohnung schweifen. Während sie den Teekessel aufsetzte, fielen Sebastian die vielen Erinnerungsstücke ihrer Reisen auf. »Was für eine erstaunliche Fügung«, dachte er sich, als er die kleine Gebetsmühle aus Nepal, das mit Elefanten bedruckte afrikanische Tuch und den mexikanischen Totenkopf unter den tibetischen Fahnen auf den schmalen Holzregalen sah. Es schien, als ob sich ihre Reisen und Erlebnisse schon vor ihrer Begegnung verwoben hätten. Ehe er etwas dazu sagen konnte, kam Flora wieder in das Wohnzimmer und fragte: »Habt ihr die Busfahrt in Nepal genossen?«

»Ja, wohl eher überlebt. Wir waren in Lumbini. Genauer gesagt sogar in einem buddhistischen Kloster. Dort trafen wir einen weisen Mönch. Er hieß Arjun und hat uns viel über inneren Frieden beigebracht«, antwortete Raphael.

»Wow, was hat er euch denn erzählt?«, fragte Flora interessiert nach.

»Einfach gesagt erklärte er uns, dass jeder Gedanke ein Energiefeld erzeugt und wir immer wieder tief in die Stille und still in die

Tiefe sinken dürfen, um Frieden in uns zu finden. Seitdem meditiert Sebastian täglich«, erklärte Raphael und zeigte lächelnd auf seinen Gefährten.

»Das hat mein Leben tatsächlich verändert«, fuhr Sebastian mit strahlenden Augen fort. »Danach waren wir in Kolumbien bei einem indigenen Volk, den Kogi, und lernten das Prinzip der Polarität kennen. Es besagt, dass nichts hell sein könnte, wenn es das Dunkle nicht gäbe. Ich habe verstanden, dass ich meinen Schatten integrieren muss, um meine Balance zu finden. So konnte ich meine Wut, meinen übertriebenen Hang zur Kontrolle und meine scheinbaren Widersprüche endlich annehmen.«

»Und dann«, ergänzte Raphael begeistert, »waren wir in Mexiko!«

»In Mexiko?«, fragte Flora lächelnd nach. So lebendig und zugleich ausgeglichen hatte sie ihren Bruder noch nie zuvor erlebt. Die Reise schien die beiden tatsächlich auf eine heilende Art verändert und transformiert zu haben.

»Ja, in Mexiko. Bei einem alten Volk von Schamanen«, erklärte Raphael. »Sie verrieten uns, wie wir in unsere Kraft kommen. Nämlich, in dem wir unsere männliche und unsere weibliche Seite in Balance bringen. Sie erklärten uns auch, dass das gesamte Universum auf dem Gesetz der Verbindung von männlichen und weiblichen Qualitäten basiert. Außerdem lernten wir viel über die Sprache des Herzens und wie wir das Schöne immer wieder suchen und erwarten dürfen. So hat es uns dann nach Simbabwe gezogen.«

»Nach Afrika? Das wird ja immer schöner«, stellte Flora sichtlich beeindruckt fest, während sie den beiden langsam den wohlduftenden Tee in zwei dunkelbraune Tassen einschenkte.

»Und weißt du, wen ich in Simbabwe getroffen habe?«, fragte Raphael seine Schwester mit glänzenden Augen. »Theresa!«, rief er lächelnd aus, bevor Flora überhaupt Zeit finden konnte, über die Antwort nachzudenken. »Sie lebt dort in einem Reservat, und wir wurden genau zu ihr geführt. In Afrika wurden wir dann in das Geheimnis der Freude eingeweiht, und Nebou und Tayo, die wir dort kennenlernten, erklärten uns, dass alles dem ewigen Wandel unterliegt«, berichtete Raphael stolz.

»Ja, alles steigt und fällt«, ergänzte Sebastian. »Sie erklärten uns, dass der ewige Rhythmus alles und jeden stets durch das Leben führt und dass nichts ohne Grund geschieht. Außerdem erfuhren wir viel über Verbundenheit und die große Kraft der Gemeinschaft.«

»Und deshalb sind wir dann in die Schweiz zu Sebastians Vater geflogen«, ergänzte Raphael grinsend. »Er lehrte uns, dass auch ein Mammutbaum aus einem kleinen Samenkorn entsteht und jede Wirkung ihre Ursache hat. Seitdem achten wir noch mehr auf unseren Fokus, unsere Gedanken und ...« Raphael stoppte abrupt in seiner Ausführung und griff nach seinem Rucksack. Er zog das Tagebuch aus der vorderen Tasche und sprach freudestrahlend weiter: »Und auf unsere Dankbarkeit! Schau mal, Schwesterherz. Ich habe das ganze Buch voll. Gefüllt mit wunderschönen Momenten. Ich habe alle in Dankbarkeit eingerahmt. Und ich male wieder viel. Und wie ich male ...«

Raphael zeigte seiner Schwester das Dankbarkeitstagebuch, und Flora blätterte sichtlich berührt durch die liebevoll beschriebenen und hingebungsvoll bemalten Seiten. Ein Blatt wirkte schöner als das andere. Sie spürte sofort, wie viel Liebe ihr Bruder in die Seiten hatte fließen lassen.

Während Flora weiter im Buch blätterte, blickte Raphael sich langsam in der Wohnung um. Unweigerlich blieb sein Blick an der eingerahmten Urkunde aus Bali hängen. Er stand auf und betrachtete sie näher. Diese Urkunde war sein Zeichen gewesen, nach Bali zu reisen. Als er vor dem golden eingerahmten Zertifikat der Yogaschule in Ubud stand, konnte er seinen Augen nicht trauen. Unter dem Bilderrahmen war ein altes Polaroidbild an die Wand gepinnt. Auf dem Bild sah man den mit Bambus verkleideten und mit mystischen Ornamenten verzierten Eingang der Yogaschule, die er selbst vor vielen Wochen betreten hatte. Vor dem Eingang stand Flora und neben ihr: Moune!

»Wie kann das denn bitte sein?«, platzte es aus ihm heraus. »Das ist ja Moune!«, rief Raphael vollkommen überwältigt von diesem Zufall. Wobei er solche Momente mittlerweile lieber als »Zuführung« betrachtete.

»Wie? Ihr kennt euch?«, fragte Flora ungläubig nach.

»Ja, sie nahm mich mit zum Tempel nach Tabanan. Und jetzt rate mal, wen ich dort kennengelernt habe«, forderte Raphael seine Schwester noch immer ganz perplex auf, während er sinnbildlich auf Sebastian deutete.

»Das nenne ich mal synchronistische Fügungen«, stellte Flora lachend fest. »Wisst ihr, an was mich die Prinzipien, von denen ihr sprecht, erinnern?«

Bevor Sebastian und Raphael antworten konnten, unterbrach ein schrilles Klingeln das Gespräch. Flora hüpfte von ihrem Meditationskissen auf und lief leichtfüßig zur Eingangstür. Sebastian spürte plötzlich ein warmes und sehr angenehmes Kribbeln in seinem Bauch.

Als Flora das Wohnzimmer wieder betrat, erschien eine entzückende Frau hinter ihr. Sie war etwa Ende vierzig, hatte braune Haare mit bezaubernden grau-weißen Strähnen und trug einen weiten dunkelroten Rock. Eine buddhistische Holzkette mit vereinzelten goldenen Perlen schmückte ihren Hals, und an den Ohren erspähte Sebastian goldene Ohrringe mit afrikanischen Symbolen. Sie war sonnengebräunt, wirkte äußerst vital, und ihr Lächeln überwältigte Sebastian sofort. Als sie ihm liebevoll in die Augen blickte, wirkte sie zugleich leicht verunsichert.

»Darf ich vorstellen, das ist Marlies. Sie ist meine Yogalehrerin in Frankfurt und so etwas wie meine Mentorin. Ich kenne keine Frau, die mehr Liebe in sich trägt«, erklärte Flora stolz, während sie noch ein Meditationskissen aus dem Holzschrank holte und eine weitere Tasse auf den Tisch stellte. Marlies setzte sich behutsam neben Sebastian, und beide blickten sich, sichtlich fasziniert voneinander, wie Teenager beim ersten Date in die Augen. Sebastian nahm einen leichten Lavendelduft wahr und fühlte sich neben Marlies sofort unbeschreiblich wohl.

Im Laufe des Nachmittages sprachen die vier lange über synchronistische Fügungen, besondere Reisen und die sieben Prinzipien, die Sebastian und Raphael als Antwort auf ihre Fragen kennengelernt hatten. Während Flora sich in der Küche eingehend mit ihrem Bruder über seine Berufung, das Zeichnen und seine weiteren Pläne unterhielt, standen Sebastian und Marlies auf dem Balkon und genossen die warmen Sonnenstrahlen.

»Ist es nicht erstaunlich, zu was Liebe in der Lage ist?«, begann Marlies das Gespräch. Sebastian blickte ihr schweigend in die Augen und nahm erstaunt wahr, dass ihm tatsächlich die Worte fehlten.

Marlies blickte ihn liebevoll an und fuhrt fort: »Weißt du, manchmal glaube ich, dass die Liebe all unsere scheinbar schicksalhaften Begegnungen lenkt. Sie setzt die große Himmelsmechanik in Gang und baut Brücken in so viele Länder oder Welten. Liebe erzeugt und vermehrt Liebe. Die meisten Menschen scheinen vergessen zu haben, dass wir alle grundsätzlich mit ihr ausgestattet sind. Doch Liebe ist keine begrenzte Idee. Sie ist etwas, was wir tun. Letztendlich mit unserem ganzen Sein. Somit sind wir selbst die Liebe und formen jene Bahnen, die uns einst führen. Liebe ist und bleibt die größte Kraft in diesem Universum. Sie übernimmt, erfüllt und heilt alles! Sie ist in dir, in mir und immer um uns herum.«

Egal wie das Symptom aussehen mag, die Medizin lautet Liebe. Egal um welche Frage es sich handelt, die Antwort lautet Liebe.

Sebastian war plötzlich tief berührt von der Wahrheit ihrer Worte. Er blickte Marlies an und spürte, wie Tränen der Freude über seine Wangen rannen. Marlies nahm ihn sanft in den Arm, und beide erlebten einen innigen Moment liebvoller Verbundenheit.

Als Flora das Wohnzimmer betrat und die beiden durch die offene Balkontür sah, überkam sie ein überwältigendes Gefühl tiefer Freude. Sebastian und Marlies blickten Flora an und mussten unweigerlich lachen. Flora und Raphael fielen schallend in das Lachen ein.

Ohne weitere Worte auszusprechen, wussten sie alle in diesem Moment, dass etwas Größeres ihre Wege formte. Eine leuchtende Kraft schien all die Begegnungen arrangiert und die scheinbaren Zufälle in perfekter Harmonie abgestimmt zu haben. Es wirkte wie ein Geheimnis, das zunächst hermetisch versiegelt, doch dann mit strahlenden Augen gelüftet worden war. Wie magnetisch wurde das verbunden, was verbunden gehörte. Eine nie endende, in sich verwobene Verbindung von Wundern – zumindest für jene, die staunende Augen dafür hatten.

Über den Autor

Der Songwriter, Künstler, Referent und Autor SEOM – mit bürgerlichem Namen Patrick Kammerer – wurde 1983 geboren und schrieb seine ersten Texte und eigenen Songs im Alter von 14 Jahren. Er sieht sich als »Brückenbauer« zwischen Generationen und möchte die Menschen durch erhebende und inspirierende Texte und Songs begleiten. Durch seine Musik schafft er es, seine Hörerinnen und Hörer tief im Herzen zu berühren und sie dabei zu unterstützen, ihre wahren Potenziale zu entfalten.

Früh erfuhr Patrick vom Zusammenhang zwischen Körper, Geist und Seele. Als Sohn eines Heilpraktikers und einer Meditationslehrerin lernte er bereits im Kindesalter zu meditieren und war schnell mit alltagsnaher Spiritualität vertraut. In seiner frühen Jugend erbte er die Aufzeichnungen seines Großvaters über spirituelle, wissenschaftliche und quantenphysikalische Zusammenhänge, die ihm später halfen, eine neue Lebenseinstellung zu erlangen und alte Glaubenssätze zu transformieren.

Bis 2022 produzierte SEOM 23 Musikalben, 3 Bücher und einen sehr erfolgreichen Podcast. Seit 2018 veröffentlicht er über sein eigenes Label SEOM MUSIC. Gemeinsam mit seinem Team verwirklicht er weiter Träume und erinnert seine Hörerinnen und Hörer, seine Leserinnen und Leser an ihre Kraft und die Schönheit des Lebens.

Zum Weiterlesen und Weiterhören

Betz, Robert: *Werde, der du sein willst. Schlüssel-Gedanken für ein neues Leben,* GU
Betz, Robert: *Dein Weg zur Selbstliebe. Mit dem Mut zur Veränderung deine Wahrheit leben,* GU
Kattilathu, Biyon: *Weil jeder Tag besonders ist,* GU
Lindau, Veit: *Wunderwerk. Wie du das Unmögliche möglich machst,* Unum
Merten, Michaela; Franckh, Pierre (Hg.): *Die 12 Glücksbringer. 12 Erfolgsautoren schenken dir ihr Glücksgeheimnis,* GU

Bücher des Autors

Patrick Kammerer: *Feel Go(o)d,* Sheema Medien Verlag, Bad Endorf 2015.
Patrick Kammerer: *Feel Go(o)d – Das Hörbuch,* Sheema Medien Verlag, Bad Endorf 2016.
Patrick Kammerer: *Folge den Zeichen,* Sheema Medien Verlag, Bad Endorf 2019.
Patrick Kammerer: *So easy,* Sheema Medien Verlag, Bad Endorf 2021.

Musik (Auswahl)

SEOM – *Leuchttürme,* SEOM Music, 2020.
SEOM – *Viva la Meditation,* SEOM Music, 2021.
SEOM – *Die Kraft der Wunder,* SEOM Music, 2022.

Musik, Konzertdaten, Videos und mehr von SEOM findest du unter: https://seommusic.de

NEUE WELTEN ENTDECKEN

ISBN 978-3-8338-8319-4

ISBN 978-3-8338-8621-8

ISBN 978-3-8338-8108-4

ISBN 978-3-8338-7999-9

LIEBE LESERINNEN UND LESER,

wir wollen Ihnen mit diesem Buch Informationen und Anregungen geben, um Ihnen das Leben zu erleichtern oder Sie zu inspirieren, Neues auszuprobieren. Wir achten bei der Erstellung unserer Bücher auf Aktualität und stellen höchste Ansprüche an Inhalt und Gestaltung. Alle Anleitungen, Übungen oder Rezepte werden von unseren Autoren, jeweils Experten auf ihren Gebieten, gewissenhaft erstellt und von unseren Redakteur*innen mit größter Sorgfalt ausgewählt und geprüft.

Haben wir Ihre Erwartungen erfüllt? Sind Sie mit diesem Buch und seinen Inhalten zufrieden? Wir freuen uns auf Ihre Rückmeldung. Und wir freuen uns, wenn Sie diesen Titel weiterempfehlen, in Ihrem Freundeskreis oder bei Ihrem Online-Kauf.

Sollten wir Ihre Erwartungen so gar nicht erfüllt haben, tauschen wir Ihnen Ihr Buch jederzeit gegen ein gleichwertiges zum gleichen oder ähnlichen Thema um.

KONTAKT ZUM LESERSERVICE

GRÄFE UND UNZER VERLAG
Grillparzerstraße 12
81675 München
www.gu.de

Impressum

unum

unum ist eine eingetragene Marke der GRÄFE UND UNZER VERLAG GmbH, www.gu.de

ISBN 978-3-8338-8542-6
1. Auflage 2022

Projektleitung: Clea von Ammon
Lektorat: Pascal Frank
Bildredaktion: Simone Hoffmann
Umschlaggestaltung und Layout: ki36 Editorial Design, München, Daniela Hofner und Sabine Skrobek
Kapitelaufmacher: Sabine Skrobek
Herstellung: Martina Koralewska
Satz: Uhl + Massopust, Aalen
Reproduktion: Longo AG, Bozen
Druck und Bindung: DZS Grafik, Slowenien

Umwelthinweis
Nachhaltigkeit ist uns sehr wichtig. Der Rohstoff Papier ist in der Buchproduktion hierfür von entscheidender Bedeutung. Daher ist dieses Buch auf PEFC-zertifiziertem Papier gedruckt. PEFC garantiert, dass ökologische, soziale und ökonomische Aspekte in der Verarbeitungskette unabhängig überwacht werden und lückenlos nachvollziehbar sind.

Bildnachweis
Cover: ki36, Getty Images, Unsplash/Taylor Simpson;

Innenteil:
Getty Images: S. 26, 138; Creativemarket: S. 26, 46, 82; Science Photo: S. 82, 120; Shutterstock: S. 46, 66, 82; Adobestock: S. 46, 120; Istockphoto: S. 66, 100, 120, 138; Lovepik: S. 66; mauritius images: S. 100;

Syndication: www.seasons.agency

Wichtiger Hinweis
Die Gedanken, Methoden und Anregungen in diesem Buch stellen die Meinung bzw. Erfahrung des Verfassers dar. Sie wurden vom Autor nach bestem Wissen erstellt und mit größtmöglicher Sorgfalt geprüft. Sie bieten jedoch keinen Ersatz für persönlichen kompetenten theratpeutischen Rat. Jede Leserin, jeder Leser ist für das eigene Tun und Lassen auch weiterhin selbst verantwortlich. Weder Autor noch Verlag können für eventuelle Nachteile oder Schäden, die aus den im Buch gegebenen praktischen Hinweisen resultieren, eine Haftung übernehmen.

Die unum-Homepage finden Sie unter: www.unum-verlag.de

GRÄFE UND UNZER
Ein Unternehmen der
GANSKE VERLAGSGRUPPE